BEITRÄGE

ZUR

LEHRE VON DER QUITTUNG

VON

DR. RICHARD BEHREND.

LEIPZIG,
VERLAG VON VEIT & COMP.
1896.

Vorwort.

Die nachfolgende Abhandlung, die von der juristischen Fakultät der Universität Berlin als Promotionsschrift genehmigt worden ist, bezweckt, in Einzeluntersuchungen die juristische Bedeutung einer der ältesten und zugleich häufigsten Urkunden unseres Rechtslebens zu beleuchten. Es ergab sich hierbei von selbst, dass eine historische Untersuchung an die Spitze treten musste, da ohne eine solche der heutige Stand der noch nicht endgültig abgeschlossenen jahrhundertlangen Entwicklung nicht richtig gewürdigt werden kann. Dass der geschichtliche Teil mehr als ein Drittel der Arbeit umfasst, glaube ich damit rechtfertigen zu können, dass hier ein noch völlig brachliegendes Gebiet der Urkundengeschichte betreten wurde. Für das heutige Recht bleibt die Frage die wichtigste, ob die Quittung als nur beweisende oder als dispositive Urkunde zu gelten habe. Das deutsche bürgerliche Gesetzbuch hat unseres Erachtens mit Recht auf eine ausdrückliche Entscheidung verzichtet; diese bleibt vielmehr für den einzelnen Fall dem Richter überlassen. Ihn durch Hervorhebung der für die Beantwortung dieser Frage bedeutungsvollen Momente zu unterstützen, ist die Aufgabe der Wissenschaft. Nachfolgend wird, unter Verzicht auf eine erschöpfende Behandlung des Themas, ein kleiner Beitrag zur Lösung dieser Aufgabe zu liefern versucht.

Leipzig, 30. September 1896.

Der Verfasser.

Inhalt.

§ 1.

Zur Geschichte der Quittung.

I. Von den Urkunden, deren sich der römische Geschäftsverkehr zu bedienen pflegte, sind uns gerade die Quittungen verhältnismässig gut bekannt. Am 3. und 5. Juli 1875 wurden zu Pompeji in dem Hause des Bankiers L. Caecilius Jucundus 132 Quittungstafeln gefunden, von denen noch ca. 30 zu lesen sind. [1]) Es sind zum Teil öffentliche Quittungen, die der actor publicus im Namen des Gemeinwesens ausstellte, zum Teil Privaturkunden, in denen Jucundus sich die Auszahlung des Erlöses von Auktionen, die er für seine Kunden veranstaltete, bescheinigen liess. Diese privaten Quittungen, die uns hier vor allem interessieren, zerfallen ihrer Form nach in zwei Klassen: in den einen quittiert der empfangende Gläubiger eigenhändig in Gegenwart von drei Zeugen mit den Worten scripsi me accepisse, in den anderen lässt Jucundus über einen mündlich in Gegenwart von sieben oder mehr Zeugen vorgenommenen Quittungsakt ein Protokoll aufnehmen, das von den Zeugen besiegelt wird, während auf der Rückseite der Urkunde ein eigenhändiges scripsi me accepisse des Gläubigers steht. [2])

---

1) Herausgegeben zuerst von De Petra: Le tavolette cerate di Pompei Rom 1876. Nachträge hierzu gab Mommsen (mit Hülfe von Mau und Zangemeister) im Giornale degli scavi di Pompei 1879 p. 70 sqq. Ferner Mommsen im C I L III. Eine Auswahl bei Mommsen im Hermes XII S. 131 ff. und bei Bruns: Fontes S. 314 ff.

2) Als Beispiele mögen dienen: a) für die einfachen Empfangsbekenntnisse: no 19 (bei Bruns S. 316) Qu. Volusio Saturnino P. Cornelio cos. XIV kal. Julias Vestalis Popidiae servos scripsi me accepisse ab L. Caecilio Jucundo mercede minus persoluta H S n ... quae in stipulatu eius venit ob auctionem dominae meae. Actum Pomp. b) für die Doppelquittungen: no. 15 (Bruns S. 318): Script. int.: HSn. ccIↃↃ - XXXVIIII quae pecunia in stipulatum L. Caecili Jucundi venit ob auctionem Umbriciae Januariae mercede minus persoluta habere se dixit Umbricia Ianuaria ab L. Caecilio Iucundo Actum etc. — Script. ext.:

Über die Bedeutung dieser Verschiedenheit und insbesondere über das Wesen des erwähnten mündlichen Quittungsaktes hat sich ein lebhafter Streit entsponnen. [1]) Nach Mommsen, dessen Ansicht auch Karlowa beigetreten ist, sind die seriptue interiores der doppelt redigierten Quittungen Beurkundungen verbaler Acceptilationen; dagegen erklärte sie Bruns, dem sich die Späteren meist angeschlossen haben, für professiones in scripturam collatae eines von der Acceptilation verschiedenen mündlichen Quittungsaktes. Erman insbesondere hat diese Theorie in neuer, origineller Weise ausgeführt. Er konstruiert den Typus einer auf habere lautenden Quittung im Gegensatz zu dem blossen Empfangsbekenntnis, dem accepisse, und sucht nachzuweisen, dass es im alten Rom üblich war, das habere mündlich und das accepisse schriftlich zu bekennen. [2]) Die auf numerata, persoluta oder soluta habere lautenden pompejanischen Quittungen sind nach ihm Beispiele dieses altrömischen Quittungstypus.

Die von Bruns und Erman gegen die Mommsen'sche Hypothese vorgebrachten Argumente sind bereits von Karlowa [3]) einer eingehenden Kritik unterzogen worden, der wir uns im allgemeinen anschliessen. Nur bezüglich eines wichtigen Punktes erscheint seine Auffassung bedenklich. Es handelt sich um die Erklärung der in den Acceptilationsprotokollen regelmässig wiederkehrenden Formel, dass empfangen sei „pecunia quae in stipulatu (oder in stipulatum) L. Caecilii Jucundi venit. Mit dieser Stipulation kann nicht der Vertrag zwischen dem quittierenden Gläubiger und seinem Kommissionär Jucundus gemeint sein; denn in diesem Vertrage handelt es sich nicht um ein stipulari, sondern um ein

---

L. Duvio P. Clodio cos. D. Volcius Thallus scripsi rogatu Umbriciae Ianuariae eam accepisse ab L. Caecilio Iucundo H S etc. ex auctione eius mercede minus ex interrogatione facta tabellarum signatarum. Act. etc.

[1]) Vergl. Mommsen im Hermes XII S. 106 ff. Bruns in Zeitschr. f. Rechtsgeschichte XIII S. 364 ff. und „Die Unterschriften in der römischen Rechtsurkunde". (Abh. d. Berl. Akad. 1876) S. 43 ff.; vgl. auch „Die sieben Zeugen" Commentt. philol. in honorem. Th. Mommsen S. 501 ff. und Fontes p. 314 f.; Karlowa in Grünhut's Zeitschr. Bd. IV S. 502 ff. u. „Röm. Rechtsgesch." I S. 798 ff.; Erman „Zur Geschichte der Quittungen" S. 3 ff.; Hruza in Grünhut's Zeitschr. 12 S. 249 ff. Freund in Zeitschr. d. Sav.-St. 5 S. 269 ff. Brunner: Rechtsgesch. d. Urkunde S. 46 ff. Kuntze: Excurse über römische Rechtsgesch. § 636. De Petra in den Commentt. philol. S. 417 ff. Schultze in Grünhut's Zeitschr. 22 S. 70 ff.

[2]) a. a. O. S. 10 oben.

[3]) Karlowa, Rechtsgeschichte I S. 799 ff.

promittere des Jucundus. [1]) Vielmehr handelt es sich um den Kaufpreis, den Jucundus von dem Käufer der versteigerten Sache sich versprechen liess. Fragt man nun, warum diese Stipulation in einer Acceptilation erwähnt wird, durch die garnicht diese Obligation selbst aufgehoben werden sollte, so ist die Antwort leicht: was Jucundus seinem quittierenden Gläubiger versprochen hatte, das war ja eben ea pecunia quae in stipulatum ejus (scil. Jucundi) venerit ob auctionem, das Geld, das er sich bei der Auktion von dem Käufer würde versprechen lassen, und diese Summe mercede minus zahlte Jucundus später seinem Auftraggeber aus. In der Stipulation zwischen Jucundus und dem letzteren (und es ist nicht einzusehen, warum eine solche Stipulation nicht abgeschlossen worden sein sollte) müssen eben diese Worte gestanden haben, und deshalb war es nicht bloss erklärlich, sondern sogar erforderlich, sie auch in die Acceptilation aufzunehmen.

Im übrigen genügt es, auf die Gründe von Mommsen und Karlowa hinzuweisen, insbesondere auf die Siebenzahl der Zeugen, auf die Frage- und Antwortform des fraglichen Quittungsaktes. [2]) Ein zwingender Beweis wird sich für die hier vertretene Hypothese freilich nicht liefern lassen. [3])

Der für Erman entscheidende Grund ist, dass die Acceptilationsformel auf acceptum habere oder mindestens habere ge-

---

1) Karlowa führt allerdings a. a. O. S. 804 A. 1, mehrere Beispiele für die Anwendung von stipulari statt spondere an; vgl. auch Heumann, Handlexikon s. v. stipulari. Doch ist dieser Gebrauch des Wortes immerhin anomal.

2) Die Übersetzung von ex interrogatione facta tabellarum signatarum mit „nach Befragung der tabellae signatae“ (Bruns Zeitschr. f. Rechtssch. XIII. S. 366) unterliegt gegründeten Bedenken.

3) Brunner a. a. O. S. 46 tritt ebenfalls der Mommsen'schen Hypothese nicht bei. Aber seine eigene Auffassung berührt sich doch nahe mit der hier verteidigten. Gewiss mit Recht sieht Brunner in den beiden Typen der Pompejaner Quittungstafeln schon den späteren Gegensatz zwischen carta und notitia vorgebildet (S. 44). Die im Referatsstil gehaltenen Urkunden nennt er schlichte Zeugenurkunden. Sie sind nach ihm der specifisch römische Urkundentypus, während das chirographum aus dem griechischen Recht eingedrungen ist (S. 47). Aus dieser letzteren Thatsache erklärt Brunner die eigentümliche Doppelredaktion der an der Grenze des griechischen und römischen Rechtsgebiets abgefassten pompejanischen Quittungen, und diese Erklärung ist weit einleuchtender als die von Karlowa a. a. O. S. 803 versuchte. — Sollte es nun aber zu gewagt sein, diesen altrömischen Urkundentypus des Referats über eine vor 7 Zeugen abgegebene Erklärung in Zusammenhang zu bringen mit dem römischen Typus des vor 7 Zeugen abgeschlossenen Rechtsgeschäfts? Einen solchen Zusammenhang zu konstruieren, wird im folgenden versucht werden.

lautet haben müsse.[1]) Aber dies Argument ist nicht durchschlagend. Die Formel ist uns in den Schriften der Juristen freilich so überliefert; ob aber der Verkehr des täglichen Lebens starr an diesen Worten festgehalten hat, ist zweifelhaft und nicht sehr wahrscheinlich. Auf habere lauten übrigens auch fast alle Urkunden.

Die Erman'sche habere-Quittung schwebt, wie schon Hruza[2]) ausgeführt hat, völlig in der Luft. Sicher war das acceptum habeo der Acceptilationsformel nur ein verstärktes accepi. Um so erklärlicher, dass in den Urkunden accepisse und acceptum habere sich nebeneinander finden. Dass aber, wie Erman auszuführen sucht[3]), die unförmliche Zahlung schon zu Plautus' Zeiten sich volle Anerkennung als allgemeines Schuldtilgungsmittel errungen habe, ist wenig wahrscheinlich.[4]) Dem steht besonders entgegen das im alten Rechte geltende Prinzip der Förmlichkeit der Rechtsgeschäfte und die Regel: eodem modo vinculum obligationum solvitur, quo quaeri solet (l. 46 D. de a. v. a. p. 41, 2). Überhaupt ist nicht anzunehmen, dass das altrömische Recht eine Quittung im heutigen Sinne, d. h. als schriftliches Empfangsbekenntnis gekannt hat. Ursprünglich galt im altrömischen wie im altgermanischen Rechtsverkehr das Prinzip der Publizität der Rechtsgeschäfte, und dementsprechend dominierte im Prozesse der Zeugenbeweis. Eine Änderung trat auch dann noch nicht ein, als man anfing, über das vor Zeugen abgeschlossene Rechtsgeschäft eine Urkunde aufzunehmen. Denn diese diente nicht unmittelbar zum Beweise des Rechtsgeschäftes; vielmehr war sie anfänglich nur ein Verzeichnis der Zeugen, also ein Hülfsmittel des Zeugenbeweises.[5]) Sie wurde von demjenigen aufgenommen, der sich ihrer später im Prozess bedienen wollte, von dem Destinatär der Urkunde. Als ein Überbleibsel dieser jedenfalls bereits in der augusteischen Zeit veralteten Urkundenform wäre die älteste der pompejanischen Quittungen vom Jahre 15 n. Chr. anzusehen, die keine

---

1) Erman a. a. O. S.

2) a. a. O. S. 250 f.

3) S. 75 ff.

4) Die dafür angezogene Stelle aus Cicero (S. 75 f.) macht eher das Gegenteil wahrscheinlich; die aus Plautus Asinaria entnommenen Argumente (S. 78) beseitigt Erman selbst wieder (S. 79).

5) Denn die Zeugnispflicht war keine allgemeine, sondern wurde der Partei gegenüber durch Vertrag übernommen.

Zeugensigna trägt. [1]) Ein weiterer Schritt war es, dass man anfing, die Urkunde von den Zeugen besiegeln zu lassen; damit wurde zunächst nur deren Zeugnispflicht ausser Zweifel gestellt; bald aber führte der steigende Geschäftsverkehr dazu, dass der Zeugenbeweis thatsächlich zum Urkundenbeweise wurde: die Zeugen erkannten einfach ihre signa als echt an und machten dadurch die Aussage der Urkunde zu der ihrigen. Das letzte Resultat dieser Entwickelung, dass das Rechtsgeschäft thatsächlich garnicht mehr vorgenommen, sondern nur seine Vornahme in der Urkunde bezeugt wurde [2]), kann erst sehr spät eingetreten sein, jedenfalls noch nicht zur Zeit der pompejanischen Quittungstafeln.

Die echte Beweisurkunde, das chirographum, haben die Römer, wie längst erkannt ist [3]), aus dem griechischen Rechte rezipiert. Das beweisen uns schon die Namen der römischen Urkunden. [4]) Speziell aber für die Quittung lässt sich die Abstammung aus dem griechischen Recht mit ziemlicher Sicherheit nachweisen.

II. Auch im griechischen Rechte hat einst der Zeugenbeweis überwogen. [5]) Aber wir finden schon sehr früh, im 4. Jahrhundert vor unserer Zeitrechnung, ein reich entwickeltes Urkundenwesen. [6]) Dass es üblich war, bei der Rückzahlung von Darlehen, insbesondere von hypothekarisch gesicherten, sich eine Quittung geben zu lassen, ist uns mehrfach bezeugt. [7]) Isocrates

---

[1]) Brunner a. a. O. S. 46 hält sie für einen blossen Entwurf.

[2]) Karlowa a. a. O. S. 777.

[3]) Gneist, Formelle Verträge S. 482 ff. S. 498. Brunner a. a. O. S. 47. Carta und Notitia S. 571.

[4]) Die Römer haben für ihre Beweisurkunden keine eigenen Namen. Das testamentum ist stets dispositive Urkunde gewesen (Karlowa a. a. O. S. 777); cautio und instrumentum, wie auch tabulae und litterae sind allgemeine Ausdrücke, deren Bedeutung weit über die der Beweisurkunde hinausreicht; epistola ist erst in spätester Zeit zur Beweisurkunde geworden; securitas erscheint in dieser Bedeutung erst im 4. Jahrhundert l. 19 C. Th. de annona 11, 1 (v. J. 384 n. Chr.). Dem gegenüber stehen Ausdrücke wie chirographum, syngrapha, apocha (und antapocha), apodissa. Auch hypotheca gehört hierher; es bezeichnet ja dasjenige Pfand, bei dem die Sicherung des Gläubigers lediglich in der Urkunde über den Pfandvertrag besteht.

[5]) Gneist a. a. O. S. 418 ff.

[6]) ib. besonders S. 421.

[7]) Büchsenschütz, Besitz u. Erwerb, S. 494 A. 1. Über die griechischen Verpfändungsurkunden, die ὅροι, vgl. Hitzig, Das griech. Pfandrecht 1895 S. 67 ff.

erwähnt im Trapeziticus ein *γραμματεῖον,* unter dem nur eine Quittung verstanden werden kann [1]), und aus derselben Zeit sind uns delphische Verkaufsurkunden erhalten, in denen über den Empfang des Kaufpreises quittiert wird. [2]) Auch aus römischer Zeit sind uns schriftstellerische Zeugnisse über den Gebrauch von Quittungen erhalten. [3])

Durch einen glücklichen Zufall sind wir jedoch auch direkt mit den griechischen Privaturkunden bekannt geworden. In den neuerdings veröffentlichten griechischen Papyrusurkunden aus Faijum [4]) befinden sich eine grosse Reihe von Quittungen. Die ältesten reichen bis in das 2. Jahrhundert vor Christus zurück. Es sind einfache Empfangsbekenntnisse. In dem einen quittiert Demetrius, der Sklave von zwei Tempeldienerinnen des Serapis in Memphis, über eine Öllieferung mit den Worten: *ὁμολογει Δημητριος Σωσου κρης μεμετρησθαι παρα Διονυσιου και Ασκληπιαδου των προς τηι ελαικηι υπερ των εν τωι μεγαλωι Σαπιειωι διδυμων ελαιου σησαμινου μετρητας δυο κτλ* [5]); in den anderen, die in Briefform abgefasst sind, quittiert ein Beamter der königlichen Bank von Theben über Einzahlungen. [6]) Diese letzteren Chirographa

---

1) Gneist S. 431.

2) vgl. Curtius: Anecdota Delphica. Die Freilassung von Sklaven erfolgte in der Form ihres Scheinverkaufes an den delphischen Apollo. Der Empfang des angeblichen Preises wird bestätigt mit den Worten *καὶ τὰν τιμὰν ἀπέχει πᾶσαν* (Curtius No. 9 S. 59 und No. 27 S. 65; vgl. auch S. 18 ff., 36, 38).

3) Lucillius in der Anthologia Graeca XI 233, 4 (Jacobs II S. 386): *Φαῖδρος ἔγραψε λαβὼν εἰκονικὴν ἀποχήν.* (Vgl. die Erklärungen bei Jacobs III S. 696 und neuerdings Mitteis im Hermes 30 S. 597.) Vielleicht eine Rechtsparömie ist der von Artemidorus (*Ὀνειροκριτικά* l. IV c. 80 ed. Reiff) erwähnte Satz: *ὁ γὰρ ἀποχὴν παρασχὼν τόκον οὐ λαμβάνει.*

4) Sämtliche im folgenden benutzte Urkunden stammen aus Ägypten. Die Beantwortung der Frage, inwieweit einheimische Einflüsse hier umgestaltend auf das griechische Recht eingewirkt haben, entzieht sich zur Zeit noch der Beantwortung. Der Gebrauch des Chirographums ist jedenfalls echt griechisch.

5) Greek Papyri in the British Museum ed. Kenyon. pap. 31 S. 15, aus dem Jahr 162 v. Chr., vgl. dazu pap. 29: *απεχω παρα τω Σαραπει,* eine Steuerquittung in Chiffern, ferner pap. 18, 30 und 34.

6) Wilcken Aktenstücke aus der königl. Bank zu Theben (Abh. d. Berl. Akad. 1886) S. 57 f. No. 9, 10, 10a, vergl. die Anweisungen in No. 1—4. Wieder anders, nämlich auf *τάσσεται* (= zahlt) *εἰς τιμὴν παραδείσου* lauten die Quittungen der Zois aus dem Jahr 130 v. Chr. (Wessely, Die griechischen Papyri der kaiserl. Sammlungen Wiens S. 14 ff.) Nicht Quittungen, sondern private Aufzeichnungen des Gläubigers sind die in Notices et Extraits XVIII Teil 2 No. 52—60 abgedruckten Urkunden aus dem Jahre 163/162 v. Chr.

sind von einem rechtskundigen Schreiber aufgenommen; dass sie eigentlich als vom Antragsteller geschrieben gelten sollten, beweist der erklärende Zusatz *(ἔγραψεν) ἀξιωθεὶς ὑπ' αὐτοῦ διὰ τὸ φάσκειν αὐτὸν μὴ εἰδέναι γράμματα.* [1]) Sehr bemerkenswert ist das hierin enthaltene Auftauchen der späteren Rogationsformel: Scripsi rogatus ab ipso.

Juristisch interessanter sind die zahlreichen, aus der römischen Kaiserzeit uns erhaltenen griechischen Quittungen, die in den Papyrusurkunden der Berliner Museen enthalten sind. [2]) In der ältesten (No. 297) vom Jahre 50 n. Chr., die also ungefähr gleichaltrig mit den pompejanischen Wachstafeln ist, handelt es sich um die Bezahlung des Kostgeldes für ein in Pflege gegebenes Kind. Die Quittungsworte selbst sind nur teilweise erhalten; die Urkunde beginnt mit dem Bekenntnis *ὁμολογῶ . . . ἀπέχειν,* dann wird das Schuldverhältnis genau charakterisiert, später heisst es: *(μήτε) ἐπελεύσασθαι μήτε περὶ . . . μήτε περὶ ἄλλου μηδενὸς ἁπλῶς τρόπῳ μηδενὶ μενούσης κυρίας τῆς τοῦ τροφίμου ὁμολογίας.* Deutlich heben sich hier zwei Momente heraus: das Empfangsbekenntnis und dem gegenüber der Verzicht auf den Anspruch und die Erklärung, dass die Urkunde wahr bleiben solle; diese Quittung setzt sich zusammen aus Anerkenntnis und Geständnis.

Dass aber ein solcher Anspruchsverzicht nicht zu dem Wesen der *ἀποχή*, also der Urkunde, von der die römische Quittung abstammt, gehörte, zeigen uns unzweideutig zwei Urkunden aus dem Ende des 1. Jahrhunderts:

No. 260 (vom 24. Mai 90): *Πετεσοῦχος Πτολεμαίου Ἀφροδισίῳ . . . χαίρειν. Ἀπέχω παρά σου ἃς ὤφιλές μου ἐπ' ἐνυκήσι κατὰ δημόσιον χρηματισμὸν ἀργυρίου δραχμὰς ἑξακοσίας καὶ ὁπόδε ἐὰν αἱρῇ ἐκδώσωι σου ἐξ ἀμφόταρχον ἀποχήν. Ἡ χὶρ ἥδε κυρία ἔστωι πανταχῆι ἐπιφερωμένη ὡς ἐν δημοσίωι κατακεχωρισμένηι.* [3])

No. 44 (vom 14. Juli 102): *Ἥρων Ἀμωνίου Ὡρίωνι κτλ . . χαίρειν, ἀπέχω παρ' ὑμῶν ἃς ὀφείλατε τῷ υἱῷ μου Ἀμωνίῳ κατὰ διαγραφὴν τραπέζης τετελιωμένης τῷ* (etc. Datum der Schuldurkunde) *ἀργυρίου δραχμὰς τετρακοσίας τεσσαράκοντα ὁμοίως καὶ παρέξομαι*

---

1) Ähnlich bei den pompejanischen Urkunden; vgl. Mommsen im Hermes 12 S. 104.

2) „Ägyptische Urkunden aus den königl. Museen zu Berlin". Bd. I, 1895; Bd. II, Lief. 1—6. Vgl. im allgemeinen Mitteis in Hermes Bd. 30.

3) Es handelt sich um Zahlung eines Mietszinses.

διδόντα ἡμῖν (verschrieben für *ὑμῖν*) *ἀποχὴν καὶ ἀνδιδοῦντα τὴν διαγραφὴν εἰς ἀθέτησιν καὶ ἀκύρωσιν.*

In diesen Urkunden wird die Aushändigung der *ἀποχή* in die Zukunft gesetzt. Gleichwohl ist kein Zweifel, dass sie selbst die Quittungen sind. Sie waren zur Eintragung in öffentliche Bücher bestimmt [1]) und sind mit grosser Sorgfalt redigiert. Sie enthalten nicht, wie man vielleicht glauben könnte, eine Amortisation der Schuldurkunde (*διαγραφή*), die übrigens mit grosser Genauigkeit beschrieben wird. Vielmehr wird nur die Rückgabe zur Ungültigmachung erwähnt. Eben diese Rückgabe und die Übergabe der Urkunde selbst sind die einzigen, dispositiven Momente in dem Rechtsakte. Dass sie dispositiv sind, darauf deutet der Ausdruck *ἡ χὶρ ἥδε κυρία ἐστιν* hin. Die Idee eines Begebungsvertrages, wie sie später in der griechischen Vollziehungsformel zum Ausdruck kommt [2]), diese für die ganze Urkundengeschichte bedeutsamste Idee, dürfte dem griechisch-römischen Vulgarrecht ihren Ursprung verdanken. Das Empfangsbekenntnis, das der Urkunde den Namen gegeben hat, lautet, dem römischen accepi entsprechend, *ἀπέχω* oder *ὁμολογῶ ἀπέχειν,* mehrfach aber auch einfach *ἔχω.* [3]) Wie im römischen [4]) und auch noch im heutigen Rechte wird zwischen dem schuldbegründenden und dem schuldtilgenden Empfangsbekenntnis ein Unterschied in der Form nicht gemacht.

Mehrfach findet sich auch eine objektive Fassung des Empfangsbekenntnisses statt der vorherrschenden subjektiven, so in der grossen Quittung No. 196 aus der Zeit Trajans (a. 109): *ὁμολογεῖ Θεναπῦγχις Ζωσίμου μετὰ κυρίου Ἰουλίου τοῦ Πεθέως ..... ἀπέχειν τὴν Θεναπύγχιειν παρʻ αὐτῶν παραχρῆμα διὰ τῆς Ἀχιλλέως τραπέζης Ἀγορᾶς ἱματίων ἀργυρίου δραχμὰς τετρακοσίας ὀφειληθείσας αὐτῇ ... καθ' ὁμολογίαν παραθήκης τελειωθείσας διὰ τῶν αὐτῶν*

---

1) Das bedeutet das *ἐν δημοσίῳ καταχωρίζειν* nach Mitteis a. a. O. S. 599 ff.

2) Vgl. unten S. 13 A. 9.

3) Z. B. No. 68 (a. 113—114 n. Chr.) *ἔχω παρά σου τόκον μηνῶν δεκαδυοῖν .. ὧν ὀφείλει μυ ...* und aus viel späterer Zeit No. 371 *ὁμολογῶ ἐσχηκέναι.* Ganz kurz gefasst ist No. 32 (a. 158—159) *Νικήφορος οἰκόνομος Πτολεμαίῳ· ἀπέσχον παρά σου ὑπὲρ ἐνουκίου ἀποθήκης ... δραχμὰς ..* vgl. auch No. 153. Wichtig für die Bedeutung der *ἀποχή* ist endlich No. 409 aus dem Jahre 313 n. Chr., eine Urkunde über einen Mietsvertrag: die Urkunde bezeichnet sich selbst als *μισθαποχή;* vgl. unten S. 12.

4) Vgl. z. B. den Schuldschein in l. 40 D. de R. C. 12, 1.

γραφείων (folgt das Datum der Schuldurkunde) *ἣν καὶ ἀναδιδόσθαι ταῖς περὶ τὴν Ἡράκλουν καὶ μὴ ἐλε(ύσε)σθαι μήτε αὐτὴν Θεναπῦγχιν μηδὲ τοὺς παρ' αὐτῆς ἐπὶ τὴν Ἡράκλουν καὶ Θερμοῦθιν μηδὲ ἐπὶ ὁποτέραν αὐτῶν μηδ' ἐπὶ τοὺς παρ' αὐτῶν μήτε περὶ ὧν ἀπέχει, ὡς πρόκειται, δραχμῶν τετρακοσίων μηδὲ περὶ ἄλλου μηδενὸς τοῦ καθόλου ἁπλῶς πράγματος μηδ ὀφειλήματος μηδὲ παντὸς συναλλάγματος ἐνγράπτου μηδ' ἀγράφου ἀπὸ τῶν ἔμπροσθεν χρόνων μέχρι τῆς ἐνεστώσης ἡμέρας τρόπῳ μηδενί. Ὑπογραφεῖς τῆς μὲν Θεναπῦγχις καὶ τοῦ κυρίου Ἰουλίου Ζωσίμου Διδύμου κτλ.*

Diese Quittung ist trotz der objektiven Fassung, wie die ausdrückliche Erwähnung der Unterschrift durch die Ausstellerin beweist, als chirographum aufzufassen. Ebenso auch No. 251 (ebenfalls aus Trajans Zeit) [1]; hier wechseln objektive und subjektive Fassung unbefangen miteinander ab: *ἀπέχιν αὐτὴν . . τὰς ἴσας ὧν ὤφιλεν . . κατὰ διαγραφὴν . . ἣν παραδέδωκα αὐτῇ εἰς ἀθέτησιν . . καὶ ἀκυρωσίαν ἀργυρίου τεσσαράκοντα καὶ οὐδὲν αὐτῇ ἐνκαλεῖ περὶ οὐδενὸς ἁπλῶς μέχρι τῆς ἐνεστώσης ἡμέρας.*

Die Frage, ob nicht das griechisch-römische Recht doch ein der altrömischen schlichten Zeugenurkunde analoges Institut besessen habe, drängt sich erst auf angesichts der vielfach erscheinenden Doppelredaktion der Privaturkunden. Die Urkunde zerfällt in zwei Teile, ein Referat über ein Empfangsbekenntnis und eine subjektiv gefasste wiederholende Erklärung. Diese giebt regelmässig den Inhalt des ersten Teiles wieder, meistens in kürzerer Fassung, mitunter aber in gleicher Ausführlichkeit; jedenfalls enthält sie stets den ganzen relevanten Inhalt der im ersten Teile enthaltenen Erklärung. Als Beispiel sei angeführt No. 415 vom Jahre 103:

. . ἀπέχειν αὐτὸν τὰς ἴσας ὧν ὠφειλήκασι κατὰ διαγραφὴν τῆς Φίλου τραπέζης, ἣν καὶ ἀναδέδωκεν αὐτοῖς εἰς ἀκύρωσιν, ἀργυρίου δραχμας . . . καὶ μηδὲν αὐτοῖς ἐνκαλεῖν περὶ μηδενὸς ἁπλῶς πράγματος ἐγγράπτου ἀγράφου μέχρι τῆς ἐνεστώσης ἡμέρας τρόπῳ μηδενί, ἀκύρου οὔσης ἧς ἐξέδοτο αὐτοῖς · ὁ προγεγραμμένος . . . ἑτέρας ἀποχῆς.

. . . ἀπέχω παρὰ τῶν προγεγραμμένων τάς τοῦ ἀργυρίου δραχμὰς . . ἃς ἔδωκάν μοι κατὰ διαγραφὴν τῆς Φίλου τραπεζης Ἀγορᾶς Ἱματίων ἣν καὶ ἀναδέδωκα εἰς ἀκύρωσιν καὶ οὐδὲν αὐτοῖς

---

[1]) Garnichts zu entnehmen ist aus dem nur teilweise erhaltenen Protokoll No. 329 (a. 152), wo es (Zeile 6) heisst: *εἶπεν · δίδωμι ἀποχήν.*

ἐνκαλῶ περὶ μηδενὸς ἁπλῶς πράγματος μέχρι τῆς ἐνεστώσης ἡμέρας ἀκύρου οὔσης ἧς ἐξέδοτο αὐτοῖς ὁ προγεγραμμένος μου πατὴρ ἐγγράφου ἀποχῆς καθὼς πρόκιται. [1])

Dennoch sind auch diese Urkunden als chirographarische zu betrachten. Ihre Form dürfte sich einfach daraus erklären, dass es üblich war, bei längeren Urkunden den rechtlichen Inhalt nochmals zusammenzufassen. Der Aussteller wiederholt bei seiner Unterschrift das von dem Notar bereits niedergeschriebene Bekenntnis. Die Urkunde selbst aber ist eine einheitliche, ausgestellt von dem „Vertragsgegner des Destinatärs". [2]) Das Verhältnis ist also ein ganz anderes als bei den doppelt redigierten Quittungen von Pompeji.

Betrachten wir den Inhalt der letztangeführten Quittungen, so fällt der Umfang der in ihnen enthaltenen dispositiven Erklärungen auf. Es wird nicht bloss die betreffende Schuld für getilgt erklärt, sondern auch alle früheren „bis zum heutigen Tage" *(μέχρι τῆς ἐνεστώσης ἡμέρας).* [3]) Dabei ist garnicht eine vorangegangene Abrechnung, überhaupt nicht ein dauerndes Geschäftsverhältnis zwischen den Parteien der Urkunde vorauszusetzen. Vielmehr war es wohl ein allgemein verbreiteter Notariatsstil, die Urkunde mit allerhand bekräftigenden und beteuernden Zusätzen zu versehen, wozu auch die später zur leeren Formel herabgesunkene Stivulationsklausel *ἐπερωθητεὶς ὡμολόγησα* gehört. [4])

Die Erklärung, dass alle bis zum laufenden Tage entstandenen Ansprüche des Gläubigers gegen den Schuldner getilgt sein sollen

---

1) Zur Vergleichung sei angeführt No. 394 (a. 137): *ὁμολογεῖ.. ἀπέχειν.. δραχμὰς ἃς ὤφειλεν καθ' ὁμολογίαν τελειωθεῖσαν διὰ τοῦ αὐτοῦ γραφείου.. οὗ τὸ ἀντίγραφον ἐπήνεγκε καὶ ἀναδέδωκεν κτλ* (wie sonst) *καὶ μηδὲν ἐγκαλεῖν..* (ausführlicher Verzicht auf alle Ansprüche.) Darunter steht: *ὁμολογῶ ἀπέχειν παρὰ τοῦ Στ. τὰς προκιμένας ἀργυρίου δραχμὰς διακοσίας τεσσαράκοντα ὀκτώ.* Die Quittung handelt von der Rückzahlung eines Darlehns. Vgl. ferner No. 445 (a. 158—159), den Schuldschein No. 472 (a. 139), den Pachtvertrag No. 526 (a. 86—87) und die Verkaufsurkunde No. 427 (a. 159). Seit dem 3. Jahrhundert verschwindet diese Urkundenform wieder.

2) Brunner a. a. O. S. 44.

3) Vgl. ausser den oben erwähnten Urkunden noch No. 408 (a. 307), No. 419 (a. 276), No. 514 (a. 172). Zur Vergleichung sei der älteste Schuldschein angeführt No. 189 (a. 8 v. Chr.): *ὁμολοχῶ ἔχιν τὸ δάνειον παρὰ Μ διὺ χειρὸς ἐξ οἰκίας.. δραχμὰς ἑβδομήκοντα δύο ... καὶ ἀποδώσω.. καὶ ποιήσω καθὼς προγέγραπται.* S. noch No. 69, 465, 520.

4) So z. B. No. 409. Mitteis, Volksr. und Reichsr., S. 486 ff.

(οὐδέν σοι ἐγκαλῶ περὶ οὐδενὸς πράγματος), ist nicht ein der griechischen Quittung wesentliches Moment. Zunächst ist es unwahrscheinlich, dass ein solcher genereller Verzicht regelmässig im Anschluss an die Bezahlung einer einzelnen Schuld sollte erfolgt sein. Wohl aber ist es möglich, dass er als Verzicht auf die aus dem einzelnen Schuldverhältnis erwachsenen Ansprüche aufrecht erhalten wurde. Aber auch ein solcher Verzicht berührt nicht das Wesen der griechischen Quittung. Das beweist schon deren Name apocha, der das Empfangen und nicht das Getilgtsein ausdrückte, ferner das häufige Vorkommen des reinen Empfangsbekenntnisses, endlich auch die oben (S. 10 A. 1) wiedergegebene Quittung No. 394: in dem Résumé der Urkunde, das die Ausstellerin unter den Bericht des Notars setzt, findet sich nur das Empfangsbekenntnis; sollte die dispositive Erklärung einen den Aussteller bindenden Verzicht enthalten, so müsste doch dieser auch in dem zweiten Teil der Urkunde mindestens mit einem Worte erwähnt sein.

Damit soll nicht behauptet werden, dass die dispositive Urkunde dem griechischen Rechte fremd geblieben sei. Ist es doch im Gegenteil sehr wahrscheinlich, dass die Römer sie erst von den Griechen übernommen haben. [1]) Auch die dispositive Anerkennung war dem griechischen Rechte bekannt, wie wir später sehen werden. [2]) Dispositiven Charakters sind insbesondere vielfach die Urkunden über synallagmatische Verträge. Der Vertrag wird schriftlich vollzogen; z. B. sind uns zahlreiche Urkunden über Pacht- und Mietkontrakte erhalten.

Ganz regelmässig findet sich in diesen auch die Quittung des Verkäufers oder Vermieters über den Empfang des Kaufpreises resp. Mietszinses. [3]) Die Formel lautet gewöhnlich: *ἥν περ τιμὴν ἀπεσχεν ὁ πεπρακὼς παρὰ τοῦ πριαμένου* oder *ἀπέχω τὴν ζυμπεφωνημένην τιμην τιμὴν παρά σου* (No. 453). Fraglich ist, inwieweit das in einer Dispositiv-Urkunde abgegebene Empfangsbekenntnis dispositive d. h. den Bekennenden bindende Kraft besass. Der römische Rechtssatz, dass das Eigentum von der ge-

---

1) Brunner a. a. O.

2) Unten in § 4.

3) Vgl. No. 100, 153, 316, 373, 409, 427, 453, 456, 469, 526, 527 u. ö. Von einem Verkaufe handelt wohl auch die älteste der Berliner Papyrusurkunden No. 543 (a. 28—27 v. Chr.) *ὄμνυμι . . παραχωρήσιν . . τὸν ὑπάρχοντα μοι κλῆρον ἀρούρων . . . . διὰ τό ἀπεςχηκέναι με τὴν τοῦ κλήρου τιμὴν ἀργυρίου δραχμὰς κτλ.*

kauften Sache erst übergeht nach Tradition und Bezahlung (oder Kreditierung) des Kaufpreises, galt auch in der östlichen Reichshälfte, und so erklärt sich die Quittungsformel in den Verkaufsurkunden. Aber bei der Miete gilt ein ähnlicher Rechtssatz nicht, und doch kann hier die Quittierung über den Mietszins nicht als etwas Nebensächliches gegolten haben, wie die Worte des Mietsvertrages in No. 409 (a. 313) lehren: *τῆς μισθαποχῆς ταύτης κυρίας οὔσης*, die ganze Urkunde wird als Quittung bezeichnet.

Ganz allgemein scheint es endlich üblich gewesen zu sein, über Leistungen an den Staat, insbesondere Steuerzahlungen, Quittung zu erteilen. In grosser Zahl sind uns Steuerquittungen erhalten, regelmässig ganz kurz gefasst, z. B. No. 62 (a. 200): *διέγραψε Λουκίων καὶ μέτοχοι πρακτόρων στεφανικοῦ κώμης Πτολεμάιδος Νέας διὰ Ὡρίωνος δραχμὰς τέσσαρες.* [1]) Umgekehrt finden wir auch Quittungen, die sich der Staat oder eine Gemeinde von Privatleuten ausstellen liess, z. B. über Lieferungen von Saatkorn. [2])

Aus diesem Beispiel sehen wir zugleich, dass nicht bloss über Geldleistungen, sondern auch über Erfüllung anderer Obligationen quittiert wurde. Wir besitzen sogar aus dem Jahre 115 n. Chr. eine Quittung, in der einem Goldschmiede die Ablieferung eines Schmuckes bescheinigt wird. [3])

Fassen wir zusammen: Die *ἀποχή* ist das schriftliche Bekenntnis des Empfangs der geschuldeten Leistung, ausgestellt vom Gläubiger für den Schuldner. Für ihre Form ist (ausser bei den Steuerquittungen) typisch das *ἀπέχω* oder *ἔχω*. Sie ist eine Beweisurkunde; dispositive Erklärungen laufen nebenher. Ihre Anwendung, deren Umfang sich

---

1) Es wird also nicht der Empfang selbst bekannt, sondern eine Bescheinigung über die Eintragung in die amtlichen Steuerlisten gegeben. Vgl. weiter No. 49, 61, 62, 66, 99, 293, 386 u. ö. Notices et Extraits de la bibl. impér. XVIII 2 S. 428—433. Ferner die *ὄστρακα* über Zahlung des *χειρωνάξιον* im Corp. Inscr. Graec. III No. 4863—4865, 4867—4875, 4891 mit der Formel *ἔχω ἐπὶ λόγῳ παρὰ Α. ὑπὲρ χειρωναξίου* vgl. Marquardt Röm. Staatsverwaltung II 2 S. 189. Ferner Leemans: Pap. Graeci S. 48 ff., S. 85 ff. Reuvens Lettres sur les pap. bil. et grecs III S. 52 ff. 62, 98, Minutoli „Reise zum Tempel des Jupiter Ammon“ Berlin 1824. S. 421.

2) Berliner Papy.-Urk. No. 203, 297, 370, 443 u. ö. Vgl. Viereck im Hermes 30 S. 107 ff. S. auch Not. et Extr. XVIII 2 No. 7 (a. 166 v. Chr.): Schuldschein über ein Getreidedarlehn.

3) Corp. inscr. Graec. No. 4866 (a. 115) vgl. O. Müller in Gött. gel. Anz. v. 1827 S. 1529 f.

nicht fest abgrenzen lässt, ist von grösster Mannigfaltigkeit; ihre Bedeutung im Prozess lässt sich nicht mehr feststellen.

III. Im ersten Jahrhundert unserer Zeitrechnung wurde die ἀποχή von den Römern rezipiert, und von da ab lässt sich ihr Gebrauch, wenn auch nur vereinzelt, doch stetig nachweisen. In den siebenbürgischen Kaufurkunden ist mehrmals von servi apocati die Rede [1]); in den Schriften der römischen Juristen des 2. und 3. Jahrhunderts wird die apocha mehrfach erwähnt [2]); als securitas finden wir sie im Codex Theodosianus [3]) und schliesslich unter beiden Bezeichnungen in den Constitutionen und Novellen Justinians. [4]) Für die letzten Jahrhunderte römischer Rechtsentwicklung dürfen wir die Ausstellung einer Quittung bei Zahlungen als üblich annehmen; bei Steuerzahlungen und ähnlichen Leistungen war sie sogar vorgeschrieben. Dieser Rechtssatz, der zuerst im Codex Theodosianus ausgesprochen wird [5]) und in Italien noch unter der ostgotischen Herrschaft gegolten hat [6]), kann nach den oben angeführten Beispielen wohl auf griechische Rechtsübung zurückgeführt werden.

Überhaupt bleibt das römische Urkundenwesen bis zum Ende der Rechtsentwicklung unter hellenistischem Einflusse. Nur weniges sei zum Beweise hervorgehoben: dass die epistola als Form der dispositiven Urkunde aus dem griechischen Rechte stammt, hat Brunner nachgewiesen [7]), und dies wird auch durch zahlreiche neuere Urkunden bestätigt. [8]) Die Kompletionsformel, die für den neurömischen Urkundentypus charakteristisch ist [9]),

---

[1]) Bruns: Fontes S. 288 No. 105. Zur Erklärung vgl. Mommsen im C. I. L. III p. 321 ff.

[2]) l. 19 § 1 D. de accept. 46, 4 (Ulpian); l. 27 § 2 D. de furt. 47, 2 (Ulpian); l. 46 § 5 D. de adm. tut. 26, 7 (Paulus); l. 67 § 2 D. de C. J. 12, 6 (Scaevola).

[3]) z. B. tit. 12, 6 de apoch. l. 1 ff.

[4]) z. B. l. 18 C. de test. 4, 20, l. 19 C. de fide instr. 4, 21, l. 14 C. de n. n. p. 4, 30, nov. 17 c. 8, nov. 136 c. 6 u. ö.

[5]) l. 2 C. Th. de apoch. 12, 6.

[6]) Edictum Theoderici c. 144, vgl. aber auch Cassiodor's Variae XI, No. 7, auch XII 8, 10, 12.

[7]) Brunner, Rechtsgesch. d. Urk. I S. 53 ff.

[8]) Vgl. z. B. Berliner Pap.-Urk. No. 37 (a. 51 n. Chr.), 44, 260, 187, 408 u. ö.

[9]) Die griechische Kompletionsformel, welche in justinianischer Zeit χειρὶ ἐμῇ ἀπέλυσα lautete (vgl. Schmidt: Pap.-Urk. d. Berl. Bibl. pap. II S. 17 ff. Greek Pap. in the Brit. Mus. No. 113), bedeutet nach Brunner a. a. O. S. 74: für

hat das italische Recht aus dem Osten übernommen, allerdings in veränderter Bedeutung. Auch die eigenhändige Unterschrift des Ausstellers war bei den Griechen viel früher in Gebrauch, als im Westreiche.

Mit dem griechischen Urkundenwesen ist aber allmählich auch die graeca fides in den römischen Geschäftsverkehr eingedrungen. [1]) Gerade in diesem Punkte tritt besonders früh das Bedürfnis einer Reformgesetzgebung im Sinne staatlicher Kontrole des Privatrechtsverkehrs hervor. [2]) Es wurden für bestimmte Urkunden feste Formen eingeführt, es entstand die öffentliche Urkunde neuen Stils und der Stand der tabelliones. Die wichtigste und folgenreichste dieser Reformen, die Einführung der exceptio non numeratae pecuniae wird in anderem Zusammenhange besprochen werden.

Diese Bestrebungen fanden ihren Abschluss unter Justinian, der als der Schöpfer des neurömischen Urkundenstils anzusehen ist. Nirgends hat seine Gesetzgebung schärfer und umfassender eingegriffen als im Gebiet des Urkundenwesens. [3])

Schon inmitten dieser neuen von Justinian ab datierenden Periode der Urkundengeschichte steht das bekannte instrumentum plenariae securitatis aus Ravenna vom Jahre 564, eine der ausführlichsten Urkunden, die uns aus dem römischen Rechte übrig geblieben sind. [4]) Der Vormund eines gewissen Stephanus be-

die Rechtssitte des Orients und die justinianischen Constitutionen „die Aushändigung der vollzogenen Urkunde an den Destinatär, welche Aushändigung nach byzantinischer Rechtssitte durch den Aussteller erfolgt“. Diese Aushändigung wird in den griechischen Urkunden schon früh erwähnt, z. B. Berl. Pap.-Urk. No. 35 (a. 223): *ὅθεν ἐπιδίδωμι τὰ βιβλίδια καὶ ἀξιῶ ἐν καταχωρισμῷ γενέσθαι πρὸς τό μένιν μοι τὸν λόγον πρὸς τοὺς φανησαμένους*, ferner No. 45 (a. 203), 46 (a. 193), ähnlich No. 72, 111 u. ö. Steht, wie nicht zu bestreiten ist, die römische, seit 553 n. Chr. erscheinende Kompletionsformel in Zusammenhang mit der griechischen, so muss sie also von dieser abstammen. Übrigens kennen die griechischen Urkunden des 4. bis 6. Jahrhunderts noch eine andere Kompletionsformel: nach dem *ἐπερωτηθεὶς ὡμολόγησα* folgt die Versicherung: *στοιχεῖ μοι πᾶντα ὡς πρόκειται.*

1) Gneist S. 484 ff.

2) Zu den frühesten Erscheinungen gehört der Vorzug des pignus quasi publicum.

3) Vgl. die bei Brunner a. a. O. S. 59, 63, 72 f. erwähnten Reformen, ferner die l. 14 sqq. C. de n. n. p. 4, 30 und die Beschränkungen der Beweiskraft von Privaturkunden.

4) Abgedruckt bei Marini: Papiri diplomatici No. 80 und bei Spangenberg: Tabulae negotiorum.

kennt in dessen Namen den Empfang des dem Mündel hinterlassenen Drittels der Erbschaft des Collictus, das Germana, die Witwe des Erblassers, ausgezahlt hatte. Die Quittungsworte lauten: profiteor me ... omnem tertiam portionem praefato minori competentem, secundum tenorem testamenti accepisse ... decisam esse omnem causationem disceptationemque .. proinde tibi hanc plenariam securitatem facio, quoniam .. te manifestum est omnia persolvisse ... insuper declarans neque me neque suprascriptum Stephanum pupillum, heredesque nostros ultra adversus te heredesque tuos inquirere neque per oppositam personam ... me ea omnia inviolata custodire et sine ulla calumnia absque ullo doli, vis, metus aut circumscriptionis obtentu servare velle juro. [1])

Auch aus dem griechischen Rechtsgebiete sind uns eine Reihe von Quittungen erhalten, die der nachjustinianischen Zeit angehören. In einer derselben aus dem Jahre 639 [2]) quittieren die Ältesten eines arsinoitischen Dorfes dem Gouverneur über nachträgliche Bezahlung der von der Regierung requirierten Leistungen: *ὁμολογοῦμεν ἑκουσίᾳ γνώμῃ ὀμνύμενοι . . . εἰληφέναι καὶ πεπληρῶσθαι παρὰ τῆς ὑμετέρας μεγαλοπρεπείας τὴν τιμὴν τῶν δοθέντων παρ' ἡμῶν αὐτῶν παρὰ τοῦ κοινοῦ τῆς εἰρημένης ἡμῶν κώμης κτλ.* Eine Soldquittung aus dem Jahre 615 [3]) lautet: *ἔσχον . . παρὰ τῆς ὑμετέρας μεγαλοπρεπείας διὰ Πέτρου τοῦ διοικητου . . . καὶ πρὸς ὑμετέραν ἀσφαλείαν ταύτην αὐτῇ πεποίημαι τὴν ἀπόδειξιν κυρίαν οὖσαν καὶ ἐπερωτηθεὶς ὡμολόγησα.* [4])

Fast genau mit dieser Quittung stimmen die Formeln der Ravennater Steuerquittungen überein, die uns aus dem 10. Jahrhundert erhalten sind [5]): constat me Deusdedit notarium jubente

1) Von einer securitas facienda ist auch die Rede in der Urkunde bei Marini No. 139.

2) Greek Papyri No. 113.

3) Berl. Papy-Urk. No. 368.

4) Dazu vgl. No. 371 ib. (aus arabischer Zeit): *ὁμολογῶ ἐσχηκέναι καὶ δεδέχθαι παρά σου τὴν τιμὴν τοῦ πρὸ τούτου διαπραθέντος σοι παρ ἐμοῦ . . κατὰ τὴν δύναμιν τῆς γεγενημένης σοι παρ' ἐμοῦ πράσεως τῆς καὶ κυρίας οὔσης καὶ βεβαίας καὶ ἐχούσης τὴν ἰδίαν πίστειν καὶ ἰσχὺν . . . καὶ τοῦ λοιποῦ μηδένα λόγον ἔχειν μὴ ἐμὲ μὴ κληρονόμους ἐμοὺς μὴ ἄλλον τινὰ ἐκ προσώπου μου πρός σε ἢ πρὸς κληρονόμους σοὺς . . . . κυρία ἡ ἀμεριμνία καὶ ἐπερωθητεὶς ὡμολόγησα.* Ebenso No. 370 (a. 630), nur bruchstückweise erhalten. Schuldscheine aus jener Zeit sind No. 365 und 367.

5) Fantuzzi: Monumenti Ravennati I No. 66. Vesi: Documenti editi ed inediti I. S. 162 ff., S. 399. Die Quittungen stammen aus den Jahren 917—933 und 987.

domino meo Archiepiscopo accepisse et accepi a vobis . . . unde pro munimine tuo feci tibi hoc deacceptum. Die Bezeichnung der Quittung als deacceptum (= ἀποχή) steht vereinzelt da. [1])

Diese Urkunden, die, wie erwähnt, dem neurömischen Urkundentypus angehören, müssen für die Geschichte der Quittung als die letzten Vertreter [2]) einer absterbenden Form gelten. Sie sind, wie überhaupt die apocha des justinianischen Rechts [3]), als reine Beweisurkunden anzusehen, wenigstens sind sie dies zunächst, und es kann dahingestellt bleiben, welche Bedeutung den bei einigen von ihnen [4]) sich vorfindenden dispositiven Klauseln beizumessen ist.

IV. Inzwischen hatte schon längst, unter dem Einflusse germanischer Rechtsanschauungen, eine Gegenbewegung eingesetzt, die das ganze Mittelalter beherrscht. Das nur zu Beweiszwecken ausgestellte Empfangsbekenntnis verschwindet, und die dispositive Quittung tritt an seine Stelle.

Das ältere deutsche Recht kennt, wie Brunner [5]) ausgeführt hat, eine eigentliche Quittung überhaupt nicht. [6]) Nach der germanischen Rechtsidee erlosch das Schuldverhältnis durch Rückgabe oder Vernichtung der Schuldurkunde, in der das Obligationsverhältnis verkörpert war. [7]) War ein solcher Tilgungsakt nicht möglich, so trat an die Stelle der realen Vernichtung eine Amortisationserklärung, die evacuatoria; die Formel derselben überliefert uns Marculf. [7])

---

[1]) Zur Vergleichung wäre höchstens heranzuziehen die Quittung bei Fantuzzi a. a. O. II. No. 57: Constat me Marcellum . . jussione domini mei fecisse de accepto tibi . . de mansione et sexdenarios accepi (vom Jahre 1124).

[2]) Letztes Beispiel ist vielleicht A. 1 angeführte Urkunde.

[3]) Die Beweisführung hierfür wird später angetreten werden.

[4]) So bei der plenaria securitas (S. 14) und der griechischen Quittung (S. 15 A. 4).

[5]) Ztschr. f. H. R. Bd. 22 S. 77 ff.

[6]) Denn die deutsche Urkunde ist Präsentationspapier. Vgl. Brunner a. a. O. u. Rechtsgesch. d. Urk. Bd. I, S. 147 f. u. ö. Franken, Pfandr. I S. 242 ff. v. Amira Nordgerm. Oblig. R. I S. 311.

[7]) Form. Marculfi II 35 (ed Zeumer in Mon. Leg. sect. V) Domino fratri illo ille. Omnibus non abetur incognitum, qualiter ante os annos aut ante anno, solidos nostros numero tantos ad beneficium accepisti et cautionem nobis pro hoc emisisti, ut ipsos solidos tunc nobis reddere deberis; quod et ita fecisti. Sed dum illa cautione quod nobis emiseras, ad presens non invenimus, ideo tibi hanc epistola evacuaturia fecimus, ut de ipsos solidos tantum omni tempore ductus et absolutus resedeas, et si ipsa cautio apparnerit vel a nobis aut here-

Daneben kennt das fränkische Recht die securitas. Sie ist die Urkunde, in der sich das dem Urteilserfüllungsgelöbnis des Schuldners entsprechende Sicherheitsgelöbnis des judikatsmässig befriedigten Gläubigers verkörperte. [1]) Doch scheint die securitas auch ausserhalb des Prozesses vorgekommen zu sein. Wenigstens besitzen wir eine sich so bezeichnende Formel, in der einem Verwalter fremder Güter von dem Vermögensherrn Decharge erteilt wird: Non est incognitum quod res nostras quas ex largitate Dei percipimus, aurum etc. quas in rescisturio nostro in tua dominatione habuisti, in omnibus apud nos racionem deduxisti et in nullo te invenimus neglegentem. Propterea hanc securitatatem tibi emisimus, ut omni tempore exinde ductus et securus resedeas, tam tu quam et iuniores tui et nullum de heredibus nostris vel ecclesiae nostrae successoribus pertimescatis repeticione: quod qui hoc adtemptaverit et conaverit facire, inferat vobis una cum sacratissimo fisco auri libram, argenti pondus, et praesens securitas firma permaneat, stipulatione subnexa. [2])

V. Von den wenigen, oben angeführten Beispielen abgesehen, ist die Quittung in jener Zeit völlig verschwunden. Fast sechs Jahrhunderte hindurch ist sie dem rechtsgeschäftlichen Verkehr unbekannt. Nur eine einzige Form der Quittungsleistung erhält sich: es ist die Quittierung über den Kaufpreis in der Verkaufsurkunde. Wir finden sie in den verschiedensten Urkundenterritorien gleichmässig verbreitet. In den beneventischen cartae lautet sie: fenito me dico abere totum pretium oder recepi a te fenitum pretium. [3]) Im langobardischen Rechte lautet die Formel seit dem 8. Jahrhundert konstant: Constat me accepisse sicuti et

---

dibus nostris quoque tempore ostensa fuerit, nullum sorciatur effectum sed vacua et inanis permaneat. Vgl. Turon. 44, Senon 24, Andegav. 17, 18, Bitur. 4. Die Bedeutung der evacuatoria geht über den Begriff der Amortisationserklärung hinaus. In Andegav 17 giebt der Gläubiger dem Schuldner, der zur Zahlung der Judikatsschuld ausser Stande gewesen war und deshalb den Gläubiger durch Verpfändung seiner Freiheit befriedigt hatte (vgl. über dieses Recht des Schuldners Brunner, Rechtsgesch. II S. 443), mittelst der evacuatoria die Freiheit zurück.

1) Brunner, Rechtsgesch. II S. 444. Über evacuatoria und securitas vgl. auch Glasson: Hist. du droit et des instit. de la France III S. 240.

2) Rozière I No. 383.

3) Codex diplomat. Cavensis Bd. I No. 2, 3, 4, 6, 7, 24; II No. 241, 297, 298 u. ö.; III sqq. an vielen Stellen. In der ältesten Urkunde I No. 2 (v. 798) heisst es: hunde accepi pretiu ego qui supra binditu a te emtore meo auri benebentanu solidi.

accepi.[1]) Ähnlich lautet das Empfangsbekenntnis in fränkischen, bayrischen und allemannischen Verkaufsurkunden.[2])

Dieses Bekenntnis stellt sich nach dem mittelalterlichen Urkundenstil als Motiv und Voraussetzung für die Tradition der gekauften Sache dar; gegen Zahlung des Preises übergiebt der Verkäufer die Sache oder das Grundstück und übernimmt zugleich die Gewährleistungspflicht.[3])

An diese Anschauung müssen wir anknüpfen, um eine Vorstellung von dem Wesen des mittelalterlichen Quittungsaktes zu gewinnen. Wie beim Verkauf der Verkäufer gegen Empfang des Kaufpreises die Pflicht übernahm, dem Käufer den ungestörten Genuss, die quieta possessio der gekauften Sache zu sichern, so übernahm bei der Rückzahlung des Darlehens und überhaupt bei der Tilgung jedes Schuldverhältnisses der empfangende Gläubiger gegen die versprochene Leistung die Verpflichtung, den Schuldner nicht mit weiteren Ansprüchen zu belästigen; er entliess ihn aus dem Schuldverhältnisse und verzichtete auf sein Forderungsrecht. Die Urkunde über diese Erklärung ist die Quittung des romanischen und germanischen Mittelalters. Sie ist in Italien entstanden und findet sich dort seit dem 12. Jahrhundert. Sie ist stets dispositiv, eine Erlass- oder richtiger Entlasserklärung des befriedigten Gläubigers, motiviert durch das Bekenntnis des Empfangs der geschuldeten Summe.

Die Formel der Quittung, die ihr bis auf den heutigen Tag den Namen gegeben hat, lautete in der Zeit, wo sie uns zum

---

1) Hist. patr. mon. XIII (Cod. dipl. Longob.) No. 3 (a. 716), No. 6, 60, 97, 144, 260, 268, 336, 380, 390, 525, 657, 757, 986. Cod. dipl. Padovano No. 104, 108, 121, 127, 220, 221, 222 u. ö. Cod. dipl. Istr. v. 3. Oktober 1102 Brunetti Codice dipl. Toscano II No. 7 S. 227. Hist. patr. mon. Chart. II No. 39; VII (Lib. iur. reipubl. Gen. I) No. 59.

2) Cartul. de Notre-Dame de Nimes No. 3, 15, 18, 97, 149 u. ö. Cartul. de Saint-Bertin No. 18, 20. Pardessus Diplomata II S. 184, 359, 426, 434 u. ö. Lacomblet I No. 64. Wartmann: Urkundenb. v. St. Gallen No. 16, 64, 68. Neugart: Cod. dipl. Alemann. I No. 14, 51.

3) Dass die Zahlung des Kaufpreises nicht bloss nebenbei erwähnt wurde, sondern das die Urkunde rechtlich charakterisierende Moment war, geht hervor aus den Überschriften, die mehrere der angeführten Urkunden tragen. Cod. dipl. Lang. No. 3. Anstrada declarat se accepisse, No. 60. charta solutionis pretii cujusdam vineae, No. 268 Breve acceptilationis pretii nonnullorum praediorum persoluti; diese Urkunde beginnt mit den Worten Breve receptorio qualiter accepimus. — Dazu vgl. die oben (S. 8 A. 3) erwähnte μισθαποχή.

ersten Mal in den Urkundenbüchern entgegentritt, dahin, dass der Gläubiger sich für bezahlt und beruhigt erklärte, quietum se et solutum vocavit.[1]) Dieser Erklärung ging gewöhnlich das Bekenntnis voran, die geschuldete Summe empfangen zu haben.

Wir finden diese Quittung zuerst in den uns aus dem Notularium des Genueser Notars Johannes Scriba[2]) aufbewahrten Urkunden. Die Quittungen, die uns hier erhalten sind, lassen sich leicht in verschiedene regelmässig wiederkehrende Typen unterscheiden. Neben den zahlreichen, in Verkaufsurkunden eingeflochtenen Quittungen[3]) sind besonders häufig die über eine dos ausgestellten Empfangsbekenntnisse. Sie zerfallen in zwei Klassen; bei den einen wird die wirkliche Zahlung anerkannt und im Anschluss hieran quittiert, bei den anderen fällt das Empfangsbekenntnis fort. Dieser letztere Umstand beweist schon die dispositive Natur der italienischen Quittungsformel. Häufig treten noch andere rechtsgeschäftliche Erklärungen hinzu, wie Bestellung einer Kontrados und Versprechen der poena dupli für den Fall, dass der Quittungsaussteller seine Verbindlichkeiten nicht erfüllen werde.[4])

Als Beispiele mögen dienen:

No. 352. Ego profiteor me accepisse a te . . l. 14 denariis de dotibus uxoris mee et inde me voco quietum.[5])

No. 443. Ego profiteor me quietum et solutum de l. 20 de dotibus uxoris mee.[6])

Etwas anders No. 553. Ego accepi a te l. 130 mobilie quas confiteor esse dotes filie mee . . promitto quod nec ipsa filia mea neque aliqua persona te de cetero . . inquietabunt etc.[7])

No. 919. Ego cepi a te de dotibus filie mee . . et de tot me quietum voco.

---

1) Goldschmidt, Universalgesch. S. 388 A. 20.

2) Hist. patr. mon. Chartt. II No. 240—1513 aus den Jahren 1155—1164. Vgl. über die Bedeutung des notularium Brunner in Zeitschr. f. H. R. 22, S. 69 Anm.

3) Die Formel lautet einfach constat me accepisse oder nur accepi. . et vendo vgl. No. 447, 449, 451, 474, 476, 492, 493, 542, 585, 598, 618, 626, 642, 648 u. ö.

4) Häufig ist auch die Verpfändung aller Güter mit der Klausel der Unterwerfung unter sofortige Exekution.

5) Vgl. No. 353, 411, 660, 782, 919, 1060, 1143 u. ö.

6) Vgl. No. 477, 598, 665, 776, 807, 860, 881, 959, 1006 u. ö.

7) Vgl. No. 416, 692.

No. 976. Ego profiteor me habere . . et de tot me voco quietum et satisfactum.

No. 1288. Ego confiteor me cepisse a te l. 20 de dotibus . . et promitto tibi sub poena dupli quod inde te ab omni requistione et damno indemne constituam.

Daneben findet sich übrigens auch mehrfach das einfache Empfangsbekenntnis ego profiteor me habuisse ohne die Quittungsklausel. [1])

Von anderen Quittungen sei noch erwähnt No. 392. Nos vocamus nos quietos et solutos de toto proficuo et capitali societatis quam ego tecum contraxi et promittimus quod ulterius illius societatis occasione nullam movebimus questionem. Das Empfangsbekenntnis fehlt begreiflicherweise bei einer solchen die Liquidation abschliessenden Erklärung, deren dispositiver Charakter besonders in der Schlussformel klar hervortritt. [2]) Viel beschränkter lautet die über eine Abschlagszahlung erteilte Quittung No. 858: Ego profiteor quod de l . . quas in societatem posui Wilielmo F. solvit mihi l. 50 et de tot me voco quietum et solutum. [3]) Auch eine Generalquittung befindet sich unter den erhaltenen Urkunden. No. 1015: ego voco me quietum et solutum a te Embrone de omnibus que usque ad hodiernum diem mihi debuisti. [4])

An die Stelle der Quittungsklausel tritt je nach Umständen auch eine andere Erklärung, z. B. wenn von einem Dritten [5]) gezahlt wird, das Versprechen, den Schuldner von der Schuld zu befreien: No. 300 Ego Buonvasallus accepi a te amico Vacca l. 26

[1]) Vgl. No. 269, 364, 750, 783, 788, 810, 960, 972, 1206 u. ö.

[2]) Von den dispositiven Klauseln, die wir in den oben angeführten griechischen ἀποχαί fanden, unterscheidet sich die italienische Quittungserklärung durch ihre Beziehung auf ein bestimmtes Rechtsverhältnis, dort wird auf jeden Anspruch aus jedem Rechtsverhältnis, hier auf die Klage aus der vorliegenden Obligation verzichtet. Der Unterschied ist charakteristisch.

[3]) Dazu vgl. No. 871: Wilielmus professus est, quod de societate quam contraxerat cum Oberto habuerit supra totum l. 32 et de tot se quietum appellavit. Adalasia autem professa fuit se ex ipsa societate habuisse l. 92 . . . et de tot se quietam appellavit. Vgl. noch No. 1344, wo es sich um die Abschichtung eines Haussohnes handelt.

[4]) No. 817 . . . de toto eo quod mihi debes per laudem (Schiedsspruch).

[5]) Nicht wenn an einen Dritten gezahlt wird, obgleich in dem angeführten Falle beides zutrifft, aber vgl. No. 401: ego voco me quietum et solutum de l. . . quas accepi a te, quas debebas Wilielmo. Te inde ab omni pena et dampno extrahere promitto sub pena dupli ab ipso et ab omnibus pro nobis.

minus sol. tres . . ex parte Oliverii fratris mei, quas Embronis ei debebat de mutuatio qua ei fecerat idem Oliverius de l. 29 minus denar. 17, promitto extrahere ipsum Embronem ab omni pena et damno a fratre meo et heredibus et omnibus personis per eum. Sehr interessant sind in dieser Hinsicht die beiden zusammengehörigen Urkunden No. 288, 289, beide vom 1. April 1156: Ego Pandulfus confiteor quod accepi de precio terre, quam consules ceperunt pro turribus murus [1]) civitati de terra que fuit quondam Ansaldi Astorii, in quantum Arabita (die Empfängerin der Urkunde) partem habebas et socrus mea Druda uxor quondam Astorii vel filii eius, l. 12 et sol. 5 de l. 27 quas inde consules dederunt. Pro quibus per me meosque heredes promitto tibi Arabite, quod si tu aut heredes tui in aliquo tempore voluerit in eis ius aliquod postulare contra soceram meam filios vel heredes eius, faciemus inde vobis rationem fieri etc. In No. 289 erklärt Arabita: Ego Arabita uxor quondam Merlonis Astorii confiteor, quod quidem precio terre, que tum fuerit quondam Ansaldi Astorii inter me et Drudam Astoriam vel filios eius quam consules ceperunt pro turribus murus civitatis, l. 13 cepi, pro quibus promitto tibi Pandulfo per me meosque heredes, quod ipsa Druda intervenerit, quod si ipsa Druda vel heredes eius ius aliquod postulaverit, faciemus inde eis rationem etc. Die Urkunden sind wohl als Aufzeichnungen über die Teilung der dem Pandulf von den Konsuln Genuas für die Enteignung gezahlten Entschädigungssumme zu verstehen; der Empfänger zahlt einen Teil an Arabita für sie selbst und die Druda aus.

Übrigens herrscht in dem notularium die Formel quietum et solutum nicht ausschliesslich; es kommen auch andere Formeln für die Verzichtserklärung vor, wie sie dann im 13. Jahrhundert zur Herrschaft gelangen. [2])

---

1) Steht wohl für et muris.

2) Vgl. z. B. No. 523, wo die Quittung nicht selbst erklärt, sondern nur versprochen wird: ego promitto tibi, quod . . faciam tibi et heredibus tuis fieri ab ea cartulam refutationem et remissionem in laudem tui iudicis de l. 60 quas tibi condonat et promitto quod non conveniemini nec inquietabimini. — Praeterea promitto tibi, quod . . faciam tibi fieri cartulam ab ea (nämlich der vom Aussteller bevormundeten Ausstellerin) in laudem tui iudicis quod se clamabit quieta et soluta de toto antefacto . . et quod inde te absolvet solutis tamen 133, 73 l. quas ei debes. Vgl. noch No. 416, No. 400 (Vergleich mit Quittung), No. 985, 1288, 1391, 1505. Aus jener Zeit (1154) stammt auch Mon. hist. patr. VII No. 202 (Vollmacht zur Quittierung, finis et refutatio).

Dass übrigens das einfache constat me accepisse [1]) auch ohne jeden dispositiven Zusatz vorkam, ist oben [2]) schon nachgewiesen und lässt sich auch sonst durch Beispiele belegen. [3]) Unsere These, dass die Quittungsklausel dispositiver Natur sei, wird dadurch nur bestätigt. Denn gewiss war es nicht reiner Zufall, wenn die Klausel weggelassen wurde, sondern dies musste auf der ganz bestimmten Absicht beruhen, die Schuld nicht für getilgt zu erklären. Diese Behauptung wird unterstützt durch die Quittungen der nächsten Jahrhunderte. [4])

Im 13. und 14. Jahrhundert erscheint die Quittung in Italien in mannigfachen Formen. Die eigentliche Quittungsklausel tritt etwas zurück; zwar finden wir sie noch vielfach vertreten, doch zeigt sich im allgemeinen das Bestreben, durch die Häufung von allerhand angehängten Verzichtsklauseln und synonymen Ausdrücken eine grössere Sicherheit für den zahlenden Schuldner zu gewinnen. Die alte Formel finden wir auch jetzt noch, aber wird sie jetzt fast regelmässig [5]) verbunden mit einer Klausel, die die Vertragsnatur der Quittung klar hervortreten lässt:

Urkunde aus Pisa von 1268 [6]): Corradus secundus . . confessus fuit recepisse et habuisse . . non spe futurae numerationis . . liberavit et pactum fecit de ulterius non petendo . . immo de eis se bene quietum et contentum vocavit ab eis et renunciavit exceptioni non numeratae pecuniae.

---

1) Diese Empfangsbekenntnisse sind von den verpflichtenden kaum zu unterscheiden, unter letzteren finden sich auch solche, die wir heut wohl als Quittungen bezeichnen würden, z. B. über die Auszahlung der als Gesellschaftsfonds versprochenen Summe No. 1306 u. ö. Dispositives (unwahres) Empfangsbekenntnis (entsprechend unserer heutigen Erlassquittung) ist No. 444 profitemur nos solutos ac pagatos de l. 75 et de toto eo, unde tenebatur . . accepimus enim l. 86.

2) S. 20 A. 1.

3) No. 417, Quittung über Legatsauszahlung.

4) Noch sei ein merkwürdiger Beleg dafür erwähnt, dass Quittungen auch im voraus ausgestellt wurden: No. 1406 ego voco me quietum et solutum a te de omni pecunia mea, quam hactenus habuisti a me . . Hec cartula non est danda nec valet Laboranti donec in provincia Rainaldo liberaverit partem.

5) Ausnahmen z. B. Hist. patr. mon. Chartt. II No. 1840 Muratori Antiqu. II S. 808, 813. Merkwürdigerweise heisst es einmal in einer Darlehnsurkunde (Murat. Antiqu. III S. 799): . . de quo nos bene quietos vocamus et non solutae pecumiae exceptioni dioti mutui omnino refutamus.

6) Ficker, Forschungen zur Reichs- und Rechtsgesch. Ital. IV No. 455.

Hist. patr. mon. Chartt. II No. 1775 (a. 1222) Ubertus confessus et manifestus fuit se accepisse plenam solutionem . . renuntiando exceptioni non numeratae et accepte pecunie et accepte solucionis et future spei numerationis et receptionis [1]) . . . Ubertus fecit finem et refutationem pactumque de non petendo. [2])

Das facere finem et refutationem ist die Bezeichnung des definitiven Verzichts auf alle Ansprüche aus dem betreffenden Schuldverhältnisse. Dass diese Erklärung von der Quittungsklausel ursprünglich scharf geschieden wurde, ergiebt eine Urkunde aus Vercelli vom Jahre 1200 (Hist. patr. mon. Chartt. I No. 729): Der Aussteller und seine Gattin verzichten zufolge Vergleichs auf ein ius viae; hierfür erhalten sie 26 solidi: et pro predicta fine et refutatione confitemur accepisse a predicto abbate sol. 26 de quibus nos bene quietos et solutos vocamus, abrenunciantes exceptioni n. n. p.

Wir haben schon oben [3]) gesehen, und dies Ergebnis wird noch durch zahlreiche andere Urkunden bestätigt [4]), dass neben der unmittelbar schriftlich ausgesprochenen Quittung auch ein mündlicher Liberationsakt existierte, über den dann der Notar

---

1) Charakteristisch ist die Häufung gleichbedeutender Formeln. Übrigens ist der Verzicht auf die exceptio n. n. p. stehender Inhalt der Quittungen, wie denn ähnliche Verzichte auf Rechtsmittel z. B. auf die exceptio Senatusconsulti Velleiani ebenfalls sehr häufig sind.

2) Vgl. weiter die sich als chartula refutationis bezeichnende Urkunde Murat. Antiqu. II S. 810, Hist. patr. mon. Chartt. II No. 1311, H. p. mon. VII No. 668.

3) S. 20 A. 3, S. 22.

4) Murat. Antiqu. II S. 813 (Urk. v. 1295) Hist. patr. mon. Chartt. I No. 842 (a. 1217), H. p. mon. XVI S. 378, 449, 466 VII No. 206, 207, 208. Diese drei Urkunden behandeln dasselbe Rechtsgeschäft. In der ersten verzichten die Konsuln von Placentia auf ihre Ansprüche gegen die Stadt Genua bis auf die Summe von 6000 Lire. Sie versprechen Rückgabe der Schuldurkunde, und dass sie die Bürger von Pl. faciemus illos vocare quietos et solutos et facere cartam finis et remissionis. Sobald gezahlt ist, soll die Quittung ausgestellt werden. In No. 207 referieren die Konsuln von Genua über den Vergleich: et absolverunt comune Jannae ab omni debito etc. und über die Zahlung der 6000 l. In No. 208 quittieren die Placentiner definitiv: vocamus nos quietos et solutos de 6000 l. quas accepimus pro solutione totius debiti, die früheren eidlichen Versprechen der Zahlung werden zurückgegeben. — Ferner Hist. patr. mon. X No. 134 (zweite Urk. vgl. nächste Anmerkung), die Formel lautet hier confitetur se habuisse et recepisse, vocans se bene quietum et satisfactum. Et inde absolvit et liberavit . . — Fantuzzi: Mon. Ravenn. III No. 92. Codice dipl. Istr. v. 27. XI. 1225 und 8. III. 1257.

oder eine Behörde ein Protokoll aufnahm. Dieser Unterschied ist für die Rechtsgeschichte der Urkunde von grosser Bedeutung. Die befreiende Wirkung der Quittung trat in dem einen Falle erst durch die Aushändigung derselben, deren Begebung ein, in dem anderen Falle unmittelbar durch die mündliche Erklärung. Diese letztere Form würde sich also für die im voraus ausgestellte Quittung wenig geeignet haben. Im übrigen kommt der Unterschied für die juristische Natur der Quittung kaum in Frage. Die Tilgungserklärung war in beiden Fällen dieselbe.

Zur Erklärung der Natur der üblichen Quittungsformel mögen noch zwei Beispiele angeführt werden. In einer Urkunde von 1217 verzichten die Vercellesen auf ihre Entschädigungsansprüche gegen die Stadt Alessandria gegen Übernahme einer neuen, bestimmt fixierten Schuld. Es handelt sich hier also um einen Vergleich. Über diesen wird ein Protokoll aufgenommen, laut dessen zuerst der Gesandte von Vercelli fecit finem et refutationem et absolutionem et pactum de non petendo et totius sui iuris remissionem. Dann folgt die genaue Beschreibung der getilgten Schulden und die Erklärung des podestà von Alessandria se recepisse securitatem.[1]) Item confessus est dictus potestas, quod penes dictum comune remanet etc. (nämlich der Schuldschein, dessen Rückgabe neu versprochen wird. Dann folgt der Verzicht der Vercellesen auf jeden weiteren Anspruch.) Ad hec pax et finis et pactum de non petendo fit et facta est (Hist. patr. mon. Chartt. I No. 842).

Hist. patr. mon. XII S. 466 f. Der podestà von Como verzichtet auf sein Gehalt für ein halbes Jahr: fecit et facit pactum de non petendo et de non agendo ulterius et tocius sui iuris

---

[1]) Ausnahmsweise steht hier securitas für Quittung. Die regelmässige Bezeichnung ist im 13. Jahrhundert charta refutationis (Murat. Antiqu. II S. 810) ib. S. 811. Rolandini: Summa artis notoriae giebt S. 97 ein instrumentum finis refutationis transactionis et pacti de ulterius non petendo, S. 97 vo. ein instrumentum generalis finis et refutationis, dagegen S. 98 vo. ein instrumentum solutionis seu simplicis confessionis (vgl. folgende S.) entsprechend S. 100 ein instrumentum solutionis partis debiti. — Die apocha oder apodissa war, wie Endemann (Ztschr. f. H. R. V S. 333 ff. S. 405, Studien II S. 334, Beweislehre S. 279) nachweist, regelmässig Schuldschein. Jedoch vergl. Hist. patr. mon. X No. 134, wo über eine Zahlung ein vorläufiger Empfangsschein, keine definitive Quittung ausgestellt wird. Der Schein wird apodixa genannt. Über den Gebrauch von quitancia und litterae quietationis vgl. Ducange s. h. v.

remissionem .. recunciando exceptioni non facte finis et predictorum non ita gestorum et probationi in contrarium. [1])

Neben der Quittungsformel steht auch jetzt sehr häufig die Rückgabe des Schuldscheineso der das Versprechen der Rückgabe und, wenn diese unmöglich erscheint, eine Amortisationserklärung:

Hist. patr. Mon. Chartt. II No. 1837: confessi sunt se recepisse, quod dictum comune eis dare tenebatur renunciantes exceptioni n. n. p. et si aliquod instrumentum pro predicto debito repperiretur, irritum et cassum habeatur.

Rolandini: Summa artis notoriae S. 98 vo. instrumentum solutionis seu simplicis confessionis: A. fuit confessus et contentus etc.... instrumentum (nämlich die Schuldurkunde) et restituit ibidem .. ut ex nuuc sit vanum cassum et irritum inefficax et cancellatum.

Ficker, Forschungen IV No. 248 (Urk. aus Asti 1211). Ein delegierter Richter bestätigt den Empfang der auf ihn entfallenden Gerichtssporteln, da das frühere Empfangsbekenntnis verloren gegangen war: contentus atque confessus fuit... de quibus l. 15 dicebant Bonzoanum de C. notarium fecisse seu abreviasse cartam ... abreviaturam amisisse .. si imbreviaturam inveniret, quod ipsam cassaret, ita quod nullius valencie esset... promisit ipsi C. (dem Schuldner) si in aliquo tempore inveniret aliquod instrumentum ipsorum denariorum, quod omni tempore faciet esse vanum et vacuum et nullius valentie. Wir haben hier eine doppelte Amortisationserklärung, die der alten Quittung [2]) und die der Schuldurkunde. [3])

---

[1]) Vgl. auch noch die Urkunden bei Ficker, Forschungen IV No. 407, 324, 442 und bes. No. 219: die Konsuln von Lucia entlassen die Gefangenen von Versilia aller gegen sie eingegangenen Verpflichtungen mit der Erklärung quietos et absolutos esse. — Das einfache Empfangsbekenntnis kommt verhältnismässig selten vor; sein Erscheinen lässt sich meistens darauf zurückführen, dass endgiltige Befreiung des Schuldners nicht beabsichtigt war, weil z. B. ein Dritter statt des Gläubigers die Leistung empfing. Hist. patr. mon. X No. 134, Ficker, Forsch. IV No. 220, 223, 306, 310 u. ö. — Dass die Quittung selbst sich als im voraus ausgestellt bezeichnete, kam nur selten vor (ein Beispiel Hist. patr. mon. VII No. 474), doch muss thatsächlich oftmals die Quittungsleistung vor der Zahlung erfolgt sein, so ist wohl die häufig auftretende Wendung zu erklären confiteor me accepisse et in veritate accepi (vgl. dazu oben die Verkaufsurkunden S. 17 a. E.) z. B. Ficker, Forsch. IV No. 306, 310 u. ö.

[2]) Dazu vgl. die griechische Urkunde oben S. 9 a. E.

[3]) Vgl. noch Ficker, Forsch. IV No. 245, und von den oben citierten Urkunden S. 23 Anm. 4.

Um die verschiedenen Züge der italienischen Quittung in einem Bilde zusammenzufassen, möge es gestattet sein, aus der um 1289 verfassten Summa des magister Johann von Bologna ein Muster eines instrumentum solutionis debiti anzuführen, in dem sich die ganze Formelkunst des romanistisch gebildeten Notariats zeigt. [1] [2]

Petrus de tali loco confessus fuit, se habuisse et recepisse cum affectu vere et integre solucionis a Johanne centum solidos.., in quibus scilicet ex causa puri mutui dominus J. eidem P. tenebatur, prout patet per publicum instrumentum manu talis notarii

---

1) Zu finden bei Rockinger, Briefsteller S. 601.

2) Dem gegenüber möge eine Genueser apoca von 1387 die Entartung des Urkundenstils veranschaulichen. Es handelt sich um den Kaufpreis für die von Genua gekaufte Burg Lerma der Herren von Auria (H. p. mon. IX No. 301): zuerst die Namen sämtlicher Empfänger und ihrer Vertreter. In qua quidem venditione ... confessi fuerunt sese habuisse et recepisse a prefatis ... vice dicti comunis Janue l. 10200 .. pro precio vendicionis premisse ... volentes dictis nominibus receptionem dictarum l. 10200 pro finali precio dicte vendicionis ut supra distinctius declarare et exprimere et pro cautela tam dictorum massariorum (städtische Fiskalbeamte) quam comunis facere que iuris sunt, idcirco prefati .. sponte et ex certa scientia et non per errorem iuris vel facti confessi fuerunt et in veritate recognoverunt, mihi .. notario .. stipulanti et recipienti nomine et vice comunis .. sese dictis nominibus pro dicto precio vendicionis premisse realiter vel effectualiter habuisse et recepisse a ... dantibus et solventibus de pecunia dicti comunis dictas l. 10200, de quibus in dicto instrumento dicte vendicionis fit mencio, datas solutas et numeratas eisdem dictis nominibus per dictos massarios nomine et de pecunia dicti comunis super certis banchis bancheriorum civitatis Janne et in certis partitis, quarum ultima partita fuit seu est de l. 170 solidis receptis per eos dictis nominibus super banco hoc anno die hodierna .. et de ipsis l. 10200 pro finali precio dicte vendicionis, sese dictis nominibus a dictis et solventibus pro dicto comuni, ut supra exprimitur et declaratur, bene quietos et solutos vocaverunt et vocant, renunciantes dictis nominibus exceptioni presentis confessionis, declarationis et expressionis ut supra non factarum, Januinorum pro finali precio non habitorum, .. non receptarum et non numeratarum, rei ut supra et infra sic non geste seu sic non se habentis, doli mali, in factum actioni conditioni (!) sine causa et omni iuri. Quare dicti .. iterum et de novo liberantes et absolventes me dictum ... per acceptilationem et aquilianam stipulationem verbis solempnibus introductos .. et ad cautelam mihi .. notario stipulanti ut supra finem quitacionem remissionem omnimodam absolucionem liberacionem et pactum de ulterius non petendo etc. Es folgt noch der Verzicht auf jede Klage für die Erben und, für den Fall des Vertragsbruchs, das Versprechen der poena dupli und die Verpfändung aller Güter, endlich das Eschatokoll. Mit ähnlicher Umständlichkeit sind auch andere Genueser Quittungen redigiert: Hist. patr. mon. IX No. 245 und minder krass No. 259 und 395.

confectum, et de ipsis centum solidis se quietum contentum et bene pagatum vocavit, renuncians exceptioni non solute, non numerate et non tradite sibi pecunie et doli mali.

. Et dictus P. fecit eidem R. de dicta pecunia et dampnis et interesse et expensis quibuslibet, que seu quas ex tenore predicti mutui a dicto P. petere ac exigere poterat, que et quas causa solucionis dicte pecunie poterat incurrisse, finem quietacionem et refutationem generalem et pactum de ulterius non petendo, cassans et irritans et annullans penitus dictum instrumentum mutui et omnem aliam scripturam que de ipso debito confecto apparere posset, et nullius de cetero quo ad petendam dictam pecuniam seu super parte ipsius voluit esse valoris, et ipsum nichilominus instrumentum eidem J. restituit cancellatum.

Et promisit dictus P. eidem J. per stipulacionem sollempnem sub ypotheca et obligacione omnium bonorum suorum, nullam de dicta pecunia vel dampnis quibuslibet et expensis facere de cetero questionem, seu litem quomodolibet incipere per se vel per alium; quod si contra factum fuerit, promisit ex nunc inantea reficere, solvere et in integro resarcire dampna omnia et expensas que et quas faceret et incurreret — seu quomodolibet sustineret — in iudicio vel extra et de omnibus stare simpliciter liti et verbo ipsius absque sacramento et curis sollempnitate quacunque.

Et pro predictis omnibus et singulis observandis et plenarie adimplendis predictus P. prefato J. se et omnia bona sua, mobilia et immobilia, ecclesiastica et mundana, presencia et futura, sponte et de certa sciencia obligavit, renunciando expresse et sponte omni iurium auxilio eidem contra premissa et conpetenti et conpetituro, et omni alii exceptioni, actioni doli, que contra predicta obici possent seu etiam obligari. Actum etc.

VI. Aus Italien ist die Quittung in das französische [1]) und deutsche Recht übernommen worden. Die Geschichte der französischen Quittung kann hier nicht weiter verfolgt werden. Über

[1]) Ob auch in das englische, bleibt dahingestellt. Möglicherweise hat sich die englische Quittung selbständig entwickelt. Die von Brunner, Forschungen S. 536 A. 4, citierte Quittung vom Jahre 1200 (bei Madox Formularium anglicum 1702, No. 564) lautet: Sciant tam praesentes quam futuri quod ego A . . . quietum clamavi a me et haeredibus meis, Willelmo M. et haeredibus suis inperpetuum totum jus et clamium quod habui in duabus virgatis terrae . . . ita scilicet, quod nec ego nec aliquis haeredum meorum aliquid juris in illis amodo clamare possimus; et pro hac quieta clamatione dedit michi praedictus W. duas marcas

ihre juristische Natur sagt **Brunner** (das französische Inhaberpapier S. 16 Anm. 2): „Unter quittance ist nicht notwendig eine Urkunde über Zahlung der Schuld zu verstehen. **Beaumanoir** setzt die quittance dem payement als etwas davon Verschiedenes entgegen. Die quittance ist die Erklärung, dass der Gläubiger nichts mehr zu fordern habe, der Schuldner der Schuld ledig sei. (Im vorliegenden Fall scheint sie einen Schulderlass zu bezeichnen.)“ [1]) Zur Unterstützung dieser Behauptung seien wenige Urkunden angeführt:

Lalore Coll. des chart. I No. 149 (a. 1206) Universis presentes litteras inspecturis N. salutem. Noverint universi, quod H. recognovit et confessus est se recepisse a. G. nongentas l .. et de eisdem 900 l. se tenet ad plenum pagatum et in perpetuum abbatem quitat et absolvit.

ib. No. 168 (a. 1214) Hugo P. recognovit, quod ecclesia.. quitta erat erga ipsum de omni debito et quod nullas litteras habebat de muttuo de prefata ecclesia, dicens quod si alique littere postmodum apparerent, nullius haberent roboris firmitatem.

---

argenti. Hanc autem quietam clamantiam feci in curia domini regis etc. ib. No. 702 (v. J. 1345) Pateat universis per praesentes, quo ego H . . . relaxavi, perdonavi ac imperpetuum quietum clamavi W. de L. de eadem omni modas actiones, querelas, sectas, calumpnias, seu demandas, qnas erga eum habui, vel aliquo modo de caetero habere potero, racione cuiuscumque transgressionis, contencionis, verberacionis, vulneracionis, convencionis, contractus, debiti, dampni, injuriae, seu gravaminis, qualitercunque, quandocunque et ubicunque, michi H. per ipsum W. facti, procurati seu illati, ab origine mundi usque in diem confeccionis praesencium. Vgl. dazu ib., No. 703, 689 u. ö.

1) Vgl. dazu die im Text (von Brunner) angeführte Urkunde. Nach französischem Recht sollte nur quittiert werden, wenn die Rückgabe des instrumentum fractum unmöglich war, neben Kassierung und Rückgabe des Schuldbriefs war die Quittung unnötig, nach manchen Rechten ungenügend. (Franken: Franz. Pfandr. I, S. 250 ff. und die dort citierten Quellenstellen). Zur Erläuterung diene noch folgende Quittung Lalore Coll. I, No. 182 (a. 1216): Notum sit omnibus, quod cum abbas rediret a concilio . . ipse mutuatus est . . 60 sol. a B. judeo et eidem judeo litteras suas tradidit . . sigillatas; post aliquod vero spatium temporis dictus abbas dicto judeo prenominatos 60 sol. cum usuris reddidit, et ab eo litteras suas petivit, qui respondit, se illas amisisse; et tamen ipse quittavit abbatem . . de dicta pecunia . . et se habuit pro pagato; et sciendum est, quod si littere dicti abbatis propter hoc debitum judeo tradite invente de cetero fuerint nullius valoris possent esse. Iudeus vero predictus super rotulum suum juravit, quod ipse litteras illas perdiderat nec poterat invenire. Dazu vgl. ib. No. 210, 211. 225.

ib. VI No. 37 (a. 1186 Abtretung eines Vogteirechts): G. justitiam illam monachis resignavit et imperpetuum ita quietam omnimodo clamavit, quod nec ipse nec heredes eius aliquid ulterius in eadem justitia capient aut reclamabunt. [1])

ib. VII. No. 297 quicquid reclamabant, penitus quietaverunt.

ib. IV No. 79 (a. 1312) des queix vint et sept livres nous nous tenons pour bien paié et quittons et absolvons le couvent. [2])

VII Für die Berührung italienischer und deutscher Rechtssitte haben wir, was die Quittung betrifft, unter den Lübecker Urkunden drei interessante Beispiele:

Lübeckisches Urkundenbuch I No. 708, eine notarielle Quittung der bisherigen Lübecker Prokuratoren bei der Kurie über Bezahlung der ihnen durch die Prokuratur erwachsenen Auslagen, ausgestellt dem neuen Prokurator Johannes, vom Jahre 1299: A. procurator fecit finem et refutationem et pactum de ulterius non petendo . . . cassans omnes alias procuraciones que apparerent vel apparere possent . . eo quod confessus fuit . . fore integre sibi satisfactum.

ib. No. 274. Drei römische Bankiers stellen den Lübecker Prokuratoren in Rom einen Schein über die von diesen bei ihnen deponierte Summe von 550 Goldrealen aus nebst einer angehängten Abrechnung über die allmähliche Auszahlung dieser Summe (a. 1316) dovegli rendere a loro volontà, a loro o aluno di loro, che questa scritta ne recasse ad altra persona che ne mostrasse ligitimma prochuragione, come fosse procuratore della detta città di Lubeke ed a potere ricievere i detti danari e farne fine et chetanza e chene rendesse questa scritta.

ib. No. 292 ein in Italien von einem Notar aufgenommener Vergleich zwischen Wilhelm von Bardewik, dem procurator von Lübeck, und Peter von Amelia, dem Gerichtsschreiber und Vertreter des Bischofs Riccardus von Siena (a. 1312) . . Petrus de A. confessus fuit.: sibi fuisse plenarie satisfactum in pecunia numerata a Guil. de B. . . de omnibus actis actitatis in causa predicta . . de quibus se bene et integre

---

[1]) Zu diesem eigenartigen Gebrauch der Quittungsformel vgl. ib. II No. 139, 141, 309; III No. 27; IV No. 163, 53, 152 und aus dem englischen Rechte: Madox a. a. O., No. 663, 665 u. ö.

[2]) Vgl. ferner ib. II No. 81 (keine Quittungsklausel; der Empfänger ist nicht der Gläubiger); III No. 97; IV No. 196; V No. 3; VI No. 37, 58, 178 (einfaches Empfangsbekenntnis); VI No. 179; VII No. 108, 109, 297, 385.

quietum, pacatum et contentum tenuit et vocavit exceptioni non habite etc. renuncians, promittens nichilominus . . . nihil petere seu etiam postulare ac quitans et liberans dictum G . . . Et e converso etc. (folgt eine übereinstimmende Erklärung des Wilhelm von B.).

Um diese Zeit hatte sich in Deutschland bereits eine feste Quittungsform entwickelt, nicht nach dem Muster der italienischen Urkunden des 13. Jahrhunderts, sondern im Anschluss an die alte Quittung des 12. Jahrhunderts. Das Aufkommen der deutschen Quittung ist in das zweite Drittel des 13. Jahrhunderts zu setzen.[1][2] Zu den ältesten Beispielen gehören:

Urkundenbuch zur Geschichte von Koblenz und Trier III No. 4 (a. 1213) enthält einen Bericht über einen Vergleich und Angaben über die Zahlung und Anweisung der einzelnen Raten der Vergleichsumme.

Lacomblet, Urkundenbuch f. d. Gesch. d. Niederrheins IV No. 638 (a. 1237) Ego . . notum facio, quod omnem causam et querelam quam habui . . quitam clamavi penitus et remisi eidem etc.

Cod. dipl. Anhalt. II No. 148 . . omni juri et actioni que nobis competebat, renunciavimus, recepta ab eis . . pecunie quadam summa (a. 1240).

Mon. Boica 31 No. 307 (pars I, a. 1243) Chunradus IV testatur, quod Heinricus Babenbergensis curias et bona . . pro numerata pecunia redemerit, quam recepisse publice coram se professi sunt, quibus fuerant obligata, videlicet quod imprimis Randius de R . . receperit ab H. 66 l . . . item Chunradus de N. fatebatur se recepisse, item etc.

Cod. Dipl. Moenofrancof. (ed Böhmer) S. 86: Recognosco, quod pensionem, quam decanus et capitulum ecclesie . . michi solvere tenebantur, de compensatione ordinata inter me et dictum capitulum . . totaliter solverunt.

ib. S. 90. Urkunde König Wilhelms (a. 1254) Ex benignitate

---

1) Der Sachsenspiegel (I, 65 4) erwähnt nur den Zeugenbeweis für die Zahlung. Hierzu vgl. Platner im Arch. f. civ. Pr., Bd. 42 S. 141 ff.; Bd. 50 S. 250 ff.

2) Als älteste Quittung könnte man die Urkunde bei Lacomblet IV No. 620 von ca. 1130 ansehen, in der es heisst talem fecimus compositionem ut acceptis sex milibus nullam postmodum inqnietudinem . . inferrent et omnis eorum proclamatio deinceps cassa et irrita esset. Aber zweifelhaft ist, ob hier der Empfang der Summe selbst bereits bestätigt werden soll.

regia provocati . . cives Frankof. . . absolvimus liberaliter et benigne ab obligacione, quam feceramus nobilibus terre illius etc.

Meichelbeck, Hist. Frising II p. 1 S. 42 (a. 1254): Protestatus sum pariter et confessus, quod . . episcopus 600 l. michi plenariter persolvit, pro quibus eidem vendideram praedium . . et confiteor, quod idem . . in nullo alio mihi tenetur, nisi solummode in 25 l.

Lübeck. Urk. I No. 217 (a. 1255) Nos protestamur et notum esse volumus . . quod de pecunia, quam . . cives Lubicenses . . nostris erogarunt Burgensibus, ipsos faciemus liberos modis omnibus et solutos. Ita tamen quod si . . archiepiscopus pecuniam ipsam . . ab eis requisierit . . nos a talis requisicionis instancia . . eosdem excipiemus indempnes.

ib. No. 290 (a. 1266) Quittung des Minoriten-Provincials von Dänemark: . . liberos et solutos dimiserunt . . civitatem Lubycensem ab omni impeticione et querimonia de dampnis ipsis fratribus quandoque illatis. Itaque nec sepedicti fratres nec aliquis ex parte eorum unquam aliquo postmodum tempore contra civitatem Lub. et eius inhabitatores . . movebit vel moveri querimoniam procurabit. Pro eo dedit civitas Lub. fratribus supradictis 50 marcas denariorum . . pro recompensatione dampni sepius antedicti. Ut autem haec compositio perseveret perpetna, presentem paginam . . in sufficiens testimonium communici fecimus et insigniri. [1]) [2])

Wir sehen hier das allmähliche Vordringen der Quittungsformel. Die älteren Urkunden enthalten vielfach noch blosse Empfangsbekenntnisse; die dispositiven Zusätze variieren, dann dringt die italienische Quittungsformel ein und erlangt ziemlich schnell Allgemeingiltigkeit. Im 14. Jahrhundert finden wir sie fast in ganz Deutschland. Dass sie von der italienischen Quittung des 12. Jahrhunderts abstammt, beweist ihre typische Form. Es ist das quietum et solutum vocare, das wir hier wiederfinden, allerdings mit einer eigenartigen Umstellung; denn während in

1) Die Beispiele liessen sich leicht noch weiter häufen. Vgl. noch Lacomblet II No. 422, 495, 621, 624, 625, 633; hier lässt sich die Entwickelung besonders deutlich verfolgen. Lüb. Urk. I No. 378, 380, 390, 393.

2) Wenige Jahrzehnte darauf (das älteste Beispiel im Svenskt Diplomatarium II No. 996 ist von 1286) dringt die Quittung in das nordische Recht ein. Vgl. über ihre Bedeutung und Geschichte v. Amira Nordgerm. Oblig.-R. I S. 299, 311, 340, 487 ff. II S. 317. v. Amira sagt (a. a. O. S. 487): „Die Quittung ist wesentlich nicht Empfangsbekenntnis, sondern Entlasserklärung. Das Empfangsbekenntnis bekundet nur ein Motiv des Quittierens.“ Die Quittung steht neben der Zahlung (S. 488).

Italien der Gläubiger sich für beruhigt und bezahlt erklärte, ist es in der deutschen Quittung der Schuldner, auf den diese Erklärung bezogen wird. Die mit geringen Variationen stets wiederkehrende Formel z. B. der Lübecker Quittungen des 14. Jahrhunderts lautet: quitos vos dimittimus et liberos ac solutos [1] [2], in deutscher Sprache qwyt unde los laten [3] oder scelden. [4] Daneben finden sich andere Ausdrücke, die den Verzicht auf jeden Anspruch ausdrücken sollen, z. B.:

Lacomblet II No. 954 (a. 1295): Notum esse cupimus et profitemur 100 m. . . plenarie recepisse, de quibus nos et nostri heredes . . fideles perpetuo erimus atque sumus (es handelt sich um Bezahlung für eine Belehnung).

Lüb. Urk. II No. 694: Etiam computatio, quam habuerunt de . . . utrobique est complanata, terminata et sopita.

ib. No. 714. fateor me plenarie esse paccatum . . relaxando insuper . . omnimodas actiones peticiones transgressiones querelas et demandas, quascumque inter nos prehabitas, racione alicuius contractus convencionis transgressionis placiti compoti debiti, racione testamenti supradicti seu alicuius alterius tituli ab inicio huius mundi usque in diem confectionis presencium litterarum.

---

1) Von den zahlreichen Variationen dieser (z. B. Lüb. Urk. I No. 525; II No. 228 sich findenden) Formel seien nur einige erwähnt: liberos dimittimus ac solutos (Lüb. Urk. II No. 213 u. ö.), quitos dimittimus et solutos (ib. No. 261 u. ö.), quitos, liberos et penitus excusatos dimittimus (ib. No. 232 u. ö.), quittos nunciamus penitus et solutos (ib. No. 333 u. ö.), reddimus quitos, liberos ac solutos (ib. No. 351 u. ö.), dimittimus absolutos (ib. No. 424 u. ö.), solutos dicimus et quitatos (ib. No. 824 u. ö.) — Dass diese Form der mittelalterlichen Quittung kosmopolitisch sei, hat im Vorbeigehen schon Brunner (Z. f. H R. 23, S. 245 A. 1) bemerkt.

2) Sprachlich sei bemerkt, dass solutus wohl nicht mit bezahlt habend zu übersetzen ist, sondern so viel wie absolutus bedeutet: vgl. Lüb. Urk. II No. 424, Cod. dipl. Anhalt. II No. 131 (Hoier von Falkenstein, der bekannte Gönner Eike von Repgows, verzichtet zu Gunsten eines Klosters auf eine Vogtei) rogamus, quatinus advocatiam . . ecclesie liberam et solutam dimittatis. ib. No. 160 und Urk. d. L. ob der Enns IV No. 23: vier Klosterschiffe werden „a quolibet obsequiorum genere liberos et solutos" erklärt. Demgegenüber steht allerdings die übliche Formel der Kölner Quittungen des 14. Jahrhunderts: schelden den rait van Coelne . . quyt, loss ind leidich ind wale bezahlt (Ennen und Eckerts V No. 48, 165, 168, 187, 330 (vgl. 208), dagegen wieder ib. No. 283 scelde . . quyt, los ind leidich ind bekennen mich da van wal betzalt.

3) Z. B. Lüb. Urk. V No. 300, 304, 309, 369, 373, 391, 414 u. ö.

4) Z. B. Ennen u. Eckerts an den in d. vorletzten Anm. angef. Stellen; quyt und los sagen Mon. Boica. 31 p. 1 No. 89, 90, 184 u. ö. Cod. dipl. Moenofranc S. 473, 519 u. ö.

ib. No. 421 facientes quationem et finem ac pactum de ulterius non petendo.

Mon. Boica 31 p. 2 No. 85 Als ich dem hochwirdigen . . herrn Jorigen Bischof zu Passow einen geltbrieff unde 146 phunt Wyenner phening ubergegeben salt haben denselben brieff mitsampt einen andern brieff der da gelawt hat 354 phunt phening, dieselben Sum beyder brieff bracht hat 500 phunt phening, darumb ich sein gesloss Partenstein uncz her innegehabt hab, genczlich von mir gelöst und ledig gemacht hat. Darumb versprech ich mit dem brieff fur mich mein erben und für allermeniglich, ob derselb brieff hiefur von mir meinen erben oder yemant anders funden oder furgebracht wurth, daz denn derselb brieff dem benanten meinem Herrn von Passaw und seinen nachkomen unschedlich sein soll und hab auch denselben brieff genczlich vernicht und getöt, tött und vernicht den auch wissentlich und zu krafft dieses brieffs also das er hiefur kein kraft noch macht nicht haben sol ungeverlich. Wer aber, das der obgenant brieff umb die 146 ph. ph. funden wurde, dar zun ich allen fleys tun soll, und wenn ich den also funden hab, so sol ich den unverzogenlich zu des benanten meins genedigen Herren . . hannden antwurtem und sol er mir dan diesen brieff an desselben stat wider antwurten.

Diese letzte Urkunde ist besonders lehrreich für die Erkenntnis der deutschen Quittung. Der Entwickelung des deutschen Rechts entsprechend, war diese ihrem Wesen nach eigentlich eine „Tötung“ des Schuldbriefs. Aber die so bequeme und in der italienischen Form prägnante Tilgungserklärung wurde auch bei allen andern, nicht verbrieften Schuldverhältnissen angewendet. Immer aber bleibt sie eine dispositive Erklärung, ein Ausdruck des gläubigerischen Tilgungswillens. Daran lässt die Sprache der mittelalterlichen Urkunden keinen Zweifel. Weil der Gläubiger empfangen hat, so befreit er den Schuldner aus den Banden der Obligation. [1])

---

[1]) Noch seien zwei in dieser Hinsicht interessante Urkunden erwähnt: Ennen u. Eckertz V No. 209, 210 (a. 1378). In der ersten quittiert der Bruder des Gläubigers, Franz Totti von Brügge, und mit ihm der Junker Johannes über den Empfang der Schuldsumme (424 floreni): dicti magistri civium etc. nobis de premissis satisfecerunt iuxta tenorem huiusmodi obligationum ad plenum et in toto, et de presentia apud nos huiusmodi litteras obligatorias non habemus ad restituendum, igitur nos et quemlibet nostrum obligamus . . quod huiusmodi

Diese Vorstellung tritt uns recht deutlich vor Augen in mehreren Lübecker Urkunden, in denen der quittierende Gläubiger seinen Schuldner zugleich aus der Schuldgefangenschaft befreit:

Lüb. Urk. III No. 436: 60 marcas secundum velle meum honeste pagavit, ita quod ipsum a predicta captivitate quitum et solutum dimitto, promittens quod per me et heredes meos nulla monicio secundaria consequi debuerit futuris temporibus racione captivitatis antedicte (ebenso ib. No. 450, 481).

Durch eine Reihe von Urkunden lässt sich aber auch direkt erweisen, dass die deutsche Quittung, ebenso wie die italienische, dispositiven Charakter besass:

Lacomblet III No. 238: Der Herzog von Lothringen verbürgt sich dem Grafen von Berg für eine Schuld von vier belgischen Städten: .. et quam cito dicto comiti .. satisfactum erit .. nos et nostra opida quiti. erimus et absoluti integraliter de solutione et obligatione.

Brem. Urk.-Buch I No. 492 .. notum facio .. quod super discordia, que inter civitatem Bremensem ex parte una et me ex altera ex parte Johannis .. vertebatur, dicta civitas a me compositionem plenam habet, quam promitto .. inviolabiliter observandam, dimittens Joh. quitum penitus et solutum. Insuper recognosco .. quod nobilem H. de 10 marcis mi promissis et non solutis dimitto liberum et solatum. [1])

---

litteras mutui .. infra hinc et festum nativ. b. Johannis bapt. .. procurabimus realiter ipsos reddi et restitui etc. Am selben Tage erklärt Franz Totti: .. confiteor nomine .. fratris mei .. et omnium aliorum .. causam in dicto mutuo quomodolibet habentium mihi fore et esse plene et sufficienter satisfactum, quittans, absolvens et liberans prefatos creditores etc., exnunc casso irrito et annullo omnes et singulas litteras obligatorias .. volens easdem .. fore nullius roboris vel momenti, quodque exnunc censeantur omnino extincte, cancellate et tanquam littere bene solutae et liberatae habeantur .. Daran schliesst sich (als Transfixbrief) eine Urkunde des Rats von Brügge, worin derselbe das Siegel des Franz Totti für diesen und seinen Bruder beglaubigt.

[1]) Vgl. des weiteren die oben (S. 31) angeführte Urkunde Lüb. Urk. I No. 290 und ib. III No. 432; II No. 705; V No. 439, 460; VI No. 747; VII No. 75. Cod. dipl. Moenofranc. S. 179. Neugart: Cod. dipl. Alem. II No. 1108. Die Bedeutung von acquitare bei Lacomblet II No. 621, von dequitare Lüb. Urk. II No. 772. Besonders lehrreich Cod. dipl. Moenofranc. S. 449, 453, 455, 461, 473, 525, 535, 549: Quittungen über Reichssteuern, die Ludwig IV der Stadt Frankfurt erteilt, zum Teil werden die Steuern wirklich bezahlt, zum Teil erlassen, einmal auf die vom König in Frankfurt verzehrte Kost verrechnet.

Neben der schriftlichen Quittung [1]) existiert, wie auch im nordischen Rechte [2]), eine mündliche, vor dem Rat der Stadt abgegebene Erlasserklärung, über die ein Protokoll aufgenommen wurde. [3])

Dass die Quittung oft im Voraus ausgestellt wurde, ist selbstverständlich und kam besonders [4]) häufig bei Assignationen vor. Die im voraus ausgestellte Quittung legitimierte, ebenso wie heute, den Inhaber zum Empfange der Zahlung. [5])

Das reine Empfangsbekenntnis ohne jeden dispositiven Zusatz findet sich nur sehr selten. [6]) Ihm ist nicht zuzurechnen, vielmehr erscheint als dispositive Urkunde eine neben der eigentlichen Quittung besonders häufig vorkommende Erklärung des Gläubigers, die auf seine völlige Befriedigung gerichtet ist:

Lacomblet III No. 347: recognoscimus de 300 m. . . esse satisfactum integraliter et complete.

ib. No. 410: Archiepiscopus Colon. nobis dedit 300 aureos . . et de eisdem nobis satisfecit.

Meichelbeck Hist. Fris. und hat auch er mir derselben phenning gänzlich und gar gewert an allen schaden.

Lacomblet III No. 673: Wir Wilhelm . . doin kont dat der . . uns gentzlichen ind wale betzailt hait. [7])

Hier wird nicht direkt der Tilgungswille erklärt; andererseits ist sicher, dass nicht einfach der Empfang des gezahlten

---

1) Der Name der Urkunde ist quitancia (Lüb. Urk. V No. 131; VI No. 348. Spangenberg, Urkundenbeweis II S. 356) litterae quietationis (Lüb. Urk. II 884, 887), litterae quitancialis oder quitancie (ib. IV No. 675, 501), quitebrewe (ib. V No. 552, 618 u. ö.); apocha ist ein Schuldschein; vgl. Mon. Boica 27 No. 364.

2) v. Amira a. a. O. 1 S. 487.

3) Z. B. Lüb. Urk. III No. 246; II No. 802 u. ö.

4) Vgl. namentlich Stobbe in Zeitschr. f. H. R. VIII S. 29ff.; Schroeder und Loersch Urk. zur Gesch. d. deutsch. Privatr. No. 147.

5) Z. B. Lüb. Urk. II No. 219. notum facimus, quod si . . cives de L. exhibitori presencium . . 75 m solverint . . ipsos quitos dimittimus etc. Vgl. III No. 450. Recognosco quod H. B. presencium ostensor de sua captivitate michi promissa quitus et solutus est. Nam mihi 30 m. bene persolvit iuxta meam voluntatem.

6) Z. B. Wartmann: Urk. v. St. Gallen III No. 1205, 1244; Lüb. Urk. II No. 863; IV No. 40, 646. Dagegen sind lediglich private Aufzeichnungen ib. III No. 1013; IV No. 117, 118.

7) Vgl. noch Lüb. Urk. III, No. 423 (u. Anm. dortselbst) 425. Seibertz, Urk. f. Westfalen II No. 538 und das Muster einer Quittung in der Sammlung des Dominicus Dominici aus Visen (Bockinger, Briefsteller S. 561).

Geldes bekannt werden soll. Für diese Behauptung lassen sich folgende Belege anführen:

Wartmann: Urk. d. Abtei St. Gallen III No. 1312 (eine Art Decharge): confessus est, quod de omnibus satisfactum esset.

ib. No. 1228: publice profitemur quod .. satisfecit, nobis fore ex hoc plenarie satisfactum, quitantes ..

Lüb. Urk. III No. 494: mihi est ad beneplacitun mee voluntatis plenarie satisfactum, tenens me de ipsis bene contentum et pagatum.

Trouillat Monuments de Bâle IV No. 167: quod nos sumus solutus et satisfactus de 1000 flor. ratione concordie inter nos facte, quare quittamus etc.

Neben dieser Form der befreienden Erklärung [1]) steht endlich noch eine an einen Vergleich erinnernde Fassung:

Lüb. Urk. II No. 834: constare cupientes, quod .. nobis laudabiliter et condigne fecerunt ... et separati sumus ab eis in amicitia et favore.

ib. IV No. 499: dat ick .. also vruntliken gescheden bin. [2])

Trouillat Monuments de l'hist. de Bâle IV No. 165: quittationem, absolutionem, amicabilem compositionem. [3])

VIII. Im Laufe unserer Untersuchung ist eine Frage von hervorragender Wichtigkeit noch nicht berührt worden: Die Frage nach der Bedeutung der italienischen und der deutschen Quittung im Prozesse. Es muss hier darauf verzichtet werden, zu untersuchen, ob die Quittung für den Richter lediglich als einBeweismittel für die Zahlung galt oder als ein den Gläubiger bindender Verzicht; dass sie dies ihrer Form und ursprünglichen Bedeutung nach war, ist oben ausführlich dargelegt. In den Rechtsbüchern wird die Quittung kaum erwähnt. [4]) Es darf die Vermutung aufgestellt

---

[1]) Vgl. noch Lüb. Urk. II No. 739; III No. 442, 604. Cod. chronol. dipl. Ratisbon. II No. 753, 806. Brem. Urk. II No. 617; III No. 215. Gudenus: Anecd. III No. 713. Ennen u. Eckertz V No. 150, 293, 345.

[2]) Besonders üblich bei den Lübecker Soldquittungen; vgl. noch Lüb. Urk. V No. 36, 309; vgl. auch Ennen und Eckertz V No. 311.

[3]) Vgl. noch Lüb. Urk. II No. 634 (oben S. 77), 714 (oben S. 77). Mon. Boica 31 p. 2. No. 1. Ennen u. Eckertz V No. 316 (hier handelt es sich um Kompensation und Erlass).

[4]) In den mittelalterlich-deutschen Rechtsquellen wird die Quittung z. B. genannt: Verm. Sachsenspiegel (Ortloff: Rechtsbuch nach Distinktionen) III 11, 4. Magdeburger Fragen (ed. Behrend) II 2, 9. Wasserschleben: Samml.

werden, dass im Mittelalter die Quittung im Prozesse das bewies, was sie thatsächlich enthielt, nämlich den Forderungsverzicht des Gläubigers. Zur Unterstützung sei nur auf weniges aufmerksam gemacht:

Durantis: Speculum judiciale sagt in l. II p. 2 de confessionibus (S. 970 der Ausgabe von 1504): hoc autem certum est, quod in confessione extra judicium facta ad liberandum non est necesse causam liberationis exprimi, immo sine. Das liberierende Geständnis kann nur die quittatio gewesen sein.

Nach Bartolus (bei Briegleb Exekutivprozess II S. 101) kann contra instrumentum publicum non opponi nisi exceptio falsitatis et quittationis et solutionis. Dementsprechend heisst es in einem genuesischen Statut (ib. S. 220) si probabitur remissa vel falsa vel soluta. [1]) Die quittatio war also von dem Beweise der solutio total verschieden, sie war identisch mit der remissio.

Endlich spricht Guido von Suzaria von einer exceptio solutionis per aliud instrumentum guarentigiae (ib. I S. 96). Nur dispositive Urkunden können guarentigiiert werden. Solche sind die italienischen Quittungen jener Zeit. Dass die Exekutivklausel häufig in ihnen sich findet, wurde schon erwähnt.

IX. Bekanntlich ist dann mit der Herrschaft des römischen Rechtes ein Umschwung eingetreten, der die Quittung zum blossen Empfangsbekenntnisse herabgedrückt hat. Den Verlauf dieser Umwandlung darzustellen, liegt ausserhalb des Rahmens unserer Untersuchung. Nur das sei bemerkt, dass jedenfalls in diesem Punkte die Rezeption des römischen Rechtes sehr spät eingetreten ist, vielleicht so spät wie in keinem anderen. Die romanistische Lehre vom aussergerichtlichen Geständnisse [2]) war längst abgeschlossen, als die Quittung noch eine dispositive Urkunde war. Die Glosse übersetzt apocha mit confessio solutae pecuniae; nirgends denkt sie daran, die apocha mit der quittancia zu identifizieren.

---

deutsch. Rechtsqu. Teil IV Kap. 15. Steiermärk. Landrecht (ed. Bischoff) Anh. I No. 19, 20; Blume von Magdeburg (ed. Boehlau) II 1, 98. Ingelheimer Oberhof (von Loersch) No. 153. Dortmunder Statuten (ed. Frensdorff) IV 5. Wiener Stadtrechts- und Weichbildsbuch (ed. Schuster) A. 6, 12.

[1]) Vgl. ib. I S. 96 und weitere Quellenbelege II S. 57, S. 196 (probando solutionem vel pactum factum de non petendo) S. 243 (nulla possit opponi exceptio nisi duntaxat falsitatis, usurarum, solutionis sive satisfactionis et pacti de n. p.) S. 254, 271, 274.

[2]) Über deren Entwicklung s. Endemann Beweisl. S. 131 ff.

Auch Cuiacius und Donellus, die sich beide wiederholt mit der apocha beschäftigen, erklären diese nicht durch den Hinweis auf die quittance, was sie doch zweifellos gethan hätten, wenn beide Urkunden gleichbedeutend gewesen wären. [1]) Setzte doch auch noch Beaumanoir die quittance dem payement als etwas davon Verschiedenes entgegen. [2]) Erst im Laufe der letzten Jahrhunderte kann die Quittungsformel derart verblasst und bedeutungslos geworden sein, dass man dâs „quittiert“ gleichsetzte mit „Zahlung erhalten“. Der Name Quittung ist für das schlichte Empfangsbekenntnis in Gebrauch genommen, sachlich aber die quittantia von der apocha des römischen Rechtes verdrängt worden.

§ 2.
Das Recht auf Quittungsleistung.

I. Ob der zahlende Schuldner ein Recht auf Leistung einer Quittung seitens des empfangenden Gläubigers habe, ist eine in der gemeinrechtlichen Doktrin vielfach erörterte Frage. [3]) Fast durchgehends wird sie bejaht, und meistens sucht man aus einer Reihe von römischen Kaisergesetzen darzuthun, dass dieses Recht schon in unseren Quellen anerkannt sei. Man bezieht sich zunächst auf l. 18 C. de test. 4,20. In diesem später noch zu erwähnenden Gesetze schreibt Justinian für die Zahlung urkundlich festgestellter Schulden alternativ Quittungsausstellung oder Zuziehung von fünf Zeugen vor. Eine Pflicht zur Ausstellung einer Quittung lässt sich aus den Worten „ut scientes omnes ita ea statuta esse non aliter debitum vel partem eius persolvant, nisi

1) Allerdings bemerkt schon Duarenus zu Justinians Vorschrift über die antapocha: est usitata apud nos et vocatur „une quittance double“. (Strippelmann: Beweis durch Schrifturkunden I S. 100 A. 96.)

2) Brunner: Das französische Inhaberpapier S. 16 A. 2, vgl. oben S. 28.

3) Leyser: Meditt. VII 530 m. 2. S. d. Litteratur b. Windscheid II § 344 A. 8. Ferner behandeln die Frage sämtliche Pandektenlehrbücher des 19. Jahrhunderts ausser Puchta, Keller, Brinz, Vangerow, Wendt und Unterholzner Schuldverhältnisse. Ferner Steinberger in Weiske's, Eccius in v. Holtzendorff's Rechtslexikon s. v. Quittung, Cohn in Endemann's Handb. III S. 1019 ff. (dort weitere Litt.); Bähr, Urteile des Reichsgerichts S. 33; Dernburg, Preuss. Priv. II § 96 A. 6; Seuff., Archiv 1 No. 330; 8 No. 246; 9 No. 19, 20, 21, 55, 134; 13 No. 245; 20 No. 121; 25 No. 18; 19 No. 34; 36 No. 22.

vel securitatem in scriptis capiant vel observaverint praefatam testium probationem" unmöglich herleiten; denn diese Worte richten sich als eine Mahnung an den zahlenden Schuldner, nicht als eine Rechtsvorschrift an den empfangenden Gläubiger. [1]) Ebenso wenig beweist natürlich für das behauptete Recht die in nov. 90 c. 2 gegebene Ergänzung, dass die quinque testes sämtlich rogati sein sollen. In l. 19 C. de, fide instr. 4,21 bestimmt Justinian, dass der colonus, der von seinem Herrn eine Quittung über den geleisteten Pachtzins erhält, zur Ausstellung einer Gegenquittung (antapocha) verpflichtet sein soll. Aus dieser Verpflichtung, sagt man, ergebe sich mit logischer Notwendigkeit auch die Pflicht zur Ausstellung einer Quittung. Aber abgesehen davon, dass dieser Schluss durchaus nicht zwingend ist, so hat schon Rudloff (a. a. O.) richtig ausgeführt, dass jene Vorschrift sich nur auf die eigentümlichen Verhältnisse des unserm Rechte unbekannten Kolonats und ähnliche (vel aliis privatis similibus) bezieht, und für eine extensive Interpretation im Sinne der gemeinrechtlich üblichen nichts spricht; das ganze Gesetz ist nur gegeben zur Unterstützung des prozessualischen Editionsrechtes. Endlich wird als stärkstes Argument angeführt die l. 1 C. de apoch. 10, 22, in der den Steuerbeamten zur Pflicht gemacht wird, über die gezahlten Beträge den Steuerzahlern eine Quittung auszustellen. [2]) Wenn den mit publica fides ausgerüsteten Behörden eine solche Pflicht auferlegt werde, so müsse sie umsomehr für den privaten Gläubiger gelten (so z. B. Busch a. a. O.). Auch dieser Argumentation kann nicht beigetreten werden. Es handelt sich hier um eine rein verwaltungsrechtliche Dienstinstruktion, nicht um eine privatrechtliche Norm (vgl. auch Rudloff a. a. O.). Von einem im Wege des Prozesses geltend zu machenden Quittungsanspruch des Steuerzahlers gegenüber dem Staat kann keine Rede sein. Und mag man immerhin das letztere annehmen wollen, keineswegs folgt hieraus die allgemeine Quittierungspflicht in allen Schuldverhältnissen.

Sie folgt auch nicht aus allgemeinen Grundsätzen des römischen Obligationenrechts. Denn nirgends ist in diesem ein

---

1) So auch Gesterding im Arch. f. civ. Pr. Bd. 4 S. 16 ff. und Busch ib. 31 S. 1 ff. Gegen die Ableitung der Quittierungspflicht aus dem römischen Recht von den in Anm. 1 (bei Windscheid) Aufgeführten nur: Rudloff im Arch. f. civilist. Praxis, Bd. 45 S. 170 ff., Cohn, Bähr, Dernburg und Reichsger. b. Seuff. 36, 22.

2) Cf. nov. 17 c. 8, nov. 128 c. 3.

Anspruch auf Überlieferung eines Beweismittels anerkannt. So gut, wie der Schuldner eine Quittung, müsste dann doch auch der Gläubiger einen Schuldschein fordern können. Der Grund endlich, dass der Schuldner mit der Zahlung auch die endgiltige Befreiung, also auch eine Quittung müsse fordern können, ist vollends hinfällig [1]; denn befreit wird der Schuldner durch die Zahlung und nicht durch eine Entlassung aus dem Obligationsnexus seitens des Gläubigers. [2]

Trotzdem ist durch ein vielfach bezeugtes [3] Gewohnheitsrecht das Recht auf Quittungserteilung eingeführt worden. [4] Die neueren Gesetzgebungen [5] und auch der Entwurf des deutschen bürgerlichen Gesetzbuchs [6] erkennen es fast sämtlich ausdrücklich an. Das Handelsgesetzbuch statuierte eine Quittierungspflicht nicht generell, sondern nur in bestimmten Fällen [7]; aber ein argumentum e silentio legis ist aus diesen Bestimmungen nie gegen die allgemeine Quittungspflicht entnommen worden. [8]

Wie freilich im einzelnen dieser Anspruch des Schuldners realisiert werden soll, ist sehr verschieden bestimmt. Meist wird die Regel aufgestellt: Schuldzahlung und Quittung sollen Zug

---

1) Und doch ist es diese Idee, aus der heraus sich vielleicht das Recht auf Quittungsleistung entwickelt hat. Die ursprünglich deutsche Auffassung vom Wesen der Quittung wirkte und wirkt noch heute fort. Neuestens ist sie wieder aufgenommen in der Arbeit von Dilloo: „Die Quittung". Berliner Inaug.-Diss. 1895.

2) Die entgegengesetzte Annahme hat jüngst einen Verteidiger gefunden in Dilloo a. a. O. S. 48 ff. Aber seine Beweisführung schlägt den Aussprüchen der Quellen ins Gesicht (insbes. S. 52 ff.).

3) Vgl. für das ältere Recht die Statuta von Bergamo und Brixia in Hist. patr. mon. XII S. 1751 u. 1729 und der kaiserl. freien Reichsstadt Lübeck Statuta a. 1680 V 6. 2.

4) Seuff., Arch. a. a. O. und Spruch der Wittenberger Fakultät von 1679 bei Leyser a. a. O. Ferner für Bayern Seuff., Bl. f. Rechtsanwendung Bd. 41 S. 58 ff.; für Kurhessen Heusser, Annalen VI S. 49 ff.

5) Z. B. ALR. I 16 § 86; Öst. BGB. § 1426; Sächs. BGB. § 981; Cod. Maximil. IV 21 a. 1 § 5; Schweiz. Obl.-BG. a. 102; Zür. GB. § 1045. Weitere Nachweise bei Gruchot S. 186 ff. u. Cohn a. a. O.

6) E. I § 271; E. II § 312 (Vgl. Bayer. E eines Obl.-GB. a. 171).

7) HGB. artt. 303, 418, 652, 689; Vgl. WO. artt. 39, 54, 98; Verkehrsordn. § 66 Abs. 1 § 68 Abs. 8; Seemannsordn. § 39; Postordn. § 40 Nr. 8, § 20 Abs. 6.

8) Bei öffentlichen Abgaben und Leistungen ist regelmässig Quittungsleistung vorgeschrieben z. B. Vereinszollges. § 30 Abs. 2; Börsensteuerges. § 2; Postordn. § 65.

um Zug erfolgen [1]), und man giebt daher dem Schuldner ein sogenanntes Retentionsrecht an der schuldigen Leistung, d. h. ein Verweigerungsrecht, bis der Gläubiger zur Quittungsleistung bereit ist. Aber Gesetz und Gerichtsgebrauch sind vielfach noch darüber hinaus gegangen und geben dem Schuldner, der bereits geleistet hat, noch eine Klage gegen den Gläubiger auf nachträgliche Erteilung einer Quittung [2]), wobei mitunter ausdrücklich hervorgehoben wird, dass diesem Anspruch nicht genügt wird durch Rückgabe des Schuldscheines. [3]) Neben dem Quittierungsanspruch steht das Recht auf Rückgabe des Schuldscheines [4]), oder wenn diese nicht ausführbar ist, eines besonderen Mortifikationsscheins. [5])

Wieweit sich die Quittierungspflicht erstreckt, ist verschieden bestimmt. Im gemeinen und im preussischen Rechte dürfte sie mit Sicherheit nur für die Empfänger von Geldleistungen zu behaupten sein [6]); mehrfach aber wird auch Quittungsleistung gefordert bei jeder Schulderfüllung. [7]) Hingegen wird für das Gebiet des gemeinen Rechts auch die Ansicht vertreten, dass eine Quittung nur auszustellen sei bei solchen Forderungen, über die der Gläubiger eine Schuldurkunde in Händen habe oder für die er leicht Beweise beibringen könne [8]), oder man beschränkt die Quittierungspflicht auf die Fälle, in denen es üblich sei zu

---

1) Leyser a. a. O. debitori eo ipso quo solvit momento securitas praestanda est. So auch noch festgestellt in den Protok. zur 1. Lesung des Entw. S. 1398.

2) ALR. I 16 §§ 86, 92; Öst. BGB. § 1426; Sächs. BGB. § 981 und Seuff., Arch. a. a. O. Dagegen jedoch das Urteil ib. IX 21 und für das gem. Recht Steinberger a. a. O. Einert: programma, an is qui cambium trassatum acceptaverit etc. Leipzig 1801.

3) ALR. I 16 § 101; Seuff., Arch. IX 20.

4) ALR. I 16 § 125; Öst. BGB. § 1425; Sächs. BGB. § 984; Schweiz. Obl.-BG. §§ 102, 105; E. (Entwurf) I § 271; E. II § 313; weiteres Material bei Cohn a. a. O. A. 118.

5) ALR. I 16 §§ 125 ff.; Sächs. GB. § 981; Öst. BGB. § 1428; Schweiz. Obl.-B G. a. 102, 105; E. I 271; II § 320.

6) So für d. gem. Recht mehrere der oben (S. 38 A. 3) angeführten Entscheidungen; ALR. I 16 § 86, vgl. I 16 § 28; Sächs. BGB. § 983. Jedoch vgl. Rehbein, Entsch. d. O.-Tr. III 17 Anm. Förster-Eccius I 91 A. 97; Entsch. d. Rg. 28 S. 434 a. E. und Strieth, Arch. 17 S. 231, wo das O.-Tr. sagt: „Hier ist das argumentum a contrario übel angewandt; unius positio non est alterius exclusio. Aber vgl. noch ALR. I 14 § 145; II 18 § 868.

7) Windscheid a. a. O.; E. I und II a. a. O. Vgl. Protok. zum E. II S. 679 f.

8) Busch a. a. O.

quittieren. [1]) Dass die Verpflichtung wegfalle bei den „sofortigen Barzahlungen" im Kleinhandel bestimmt ausdrücklich § 983 des sächsischen Gesetzbuchs. Die Motive zum Entwurf erachten eine solche Beschränkung „teils für überflüssig, teils für bedenklich". [2])

II. Die Natur dieser Ansprüche des Schuldners, sowohl des sogenannten Retentionsrechtes, wie der Klage auf Quittungsleistung ist höchst zweifelhaft. In der gemeinrechtlichen Litteratur wird sie zwar kaum erörtert. Dagegen finden sich einschlagende Entscheidungen in der Praxis des preussischen Obertribunals. In dem Erkenntnisse vom 23. März 1868 (Striethorst Archiv 70 S. 229) heisst es: „Das Recht des Schuldners ist nicht als eine Obligation zu betrachten, wonach der bezahlte Gläubiger etwas zu leisten habe; eine Zahlung ist auch anderweit zu erweisen; es ist vielmehr eine Folge der Zahlung, dass der Gläubiger das Schuldinstrument zurückgebe, die Quittung, wenn sie behufs der Löschung nötig, in formeller Weise erteile." Der Quittungsanspruch ist „Anspruch aus der Zahlung..., persönliches Gläubigerrecht, das als solches auf die Erben aktiv und passiv übergeht". (Vgl. Rehbein Entsch. d. O.-Tr. III S. 22 Anm.) [3])

---

[1]) Rudloff a. a. O; Gruchot, Zahlung S. 188 A. 1; Vgl. gegen diese art. durchaus nicht stichhaltige Argumentation: Staub, Kom. zum HGB. art. 391 Abs. 2; Hahn, Komm. ad art. cit. § 5.

[2]) Motive II zu § 271. Bähr, Urteile des Reichsger. S. 32 ff. (vgl. auch Krit. Vierteljahrschr. 28 S. 416), will den Anspruch auf Quittung in den Fällen ausschliessen, in denen der Schuldner nicht den Beweis der Zahlung zu führen braucht. Aber wann ist dies der Fall? Nach Bähr regelmässig bei den Zug-um-Zug-Geschäften, insbesondere den Barkäufen des täglichen Lebens. Wer im Bäckerladen eine Semmel kauft, soll nach Bähr des Beweises der Erfüllung seiner Verbindlichkeit überhoben sein, denn in diesen und ähnlichen Fällen liege gar kein Kaufvertrag vor; die allerdings vorhandene Konsens reiche nicht aus, um eine vertragsmässige Verbindlichkeit zu erzeugen. U. E. ist dieser Standpunkt, auf dem auch Dernburg Pandekten II § 94 Anm. 3 zu stehen scheint, unhaltbar. Vgl. gegen Bähr auch Langfeld: die Lehre vom Retentionsrecht S. 71, der a. a. O., Anm. 19 den Anspruch auf Erteilung einer Quittung nur anerkennen will, „wenn ein beachtliches Interesse des Leistenden an der Erlangung einer Quittung gegeben ist. Solches Interesse dürfte aber stets obwalten, wenn der Leistende vernünftiger Weise befürchten kann, noch einmal zur Leistung angehalten zu werden oder wenn er der Quittung zur Begründung seinerseits zu erhebender Ansprüche bedarf."

[3]) Hierzu bemerkt Rehbein: „Der Anspruch ist obligatorischer Natur; er folgt aus dem Rechtsgeschäft der Zahlung, dessen zweiseitige Natur sich auch hier insofern zeigt, als der Schuldner nur gegen Quittung und Herausgabe

Gegen diese Auffassung des Obertribunals hat sich Koch erklärt (Komm. zu § 86 cit.): „Jede Obligation ist die ‚Folge‘ irgend einer Handlung; die dem zahlungnehmenden Gläubiger obliegende Verbindlichkeit ist analog der Verbindlichkeit des Pfandgläubigers zur Zurückgabe des Pfandes . .; das Papier- und Urkundenzeitalter, in dem wir jetzt leben, hat diese Verbindlichkeit des Gläubigers zu einer Art Gegenleistung gemacht. Die Unrichtigkeit des Vergleiches leuchtet ein; die Pflicht zur Rückgabe des Pfandes folgt nicht aus dem Hauptvertrage, sondern aus dem Pfandvertrage, dessen Inhalt sie ja ist. Sollte man wirklich in jeden Vertrag eine Verabredung, eventuell quittieren zu wollen, hinein interpretieren? Eine solche Konstruktion ist unmöglich. Sie würde widersinnige Resultate ergeben. (Entsch. d. Reichsg. 28 S. 435.)

Es ist also Rehbein darin beizutreten, dass der Anspruch auf die Quittung aus der Zahlung entspringe. Aber darum ist die Zahlung noch kein zweiseitiges Rechtsgeschäft. Es führt zu den wundersamsten Konsequenzen, wenn man die Zahlung als einen Vertrag, als ein Zug-um-Zug zu erfüllendes Geschäft auffasst. [1]) Auf diese Weise bringt man den Begriff der Schuldbeendigung künstlich wieder aus dem Begriff der Zahlung heraus. Die Zahlung ist ebensogut ein einseitiges Rechtsgeschäft wie der Verzicht; sie ist der Akt, durch den sich der Schuldner seiner Verpflichtung entledigt; dass sie an den Gläubiger geschehen soll, steht dem nicht entgegen; denn sie braucht vom Gläubiger nicht angenommen zu werden.

Giebt man zu — und die Richtigkeit dessen ist kaum zu bestreiten — dass juristisch die Zahlung und die öffentliche Hinterlegung gleichstehen (sie verhalten sich zueinander wie die regelmässige und die öffentliche Zustellung oder Ladung), so kann die Ansicht von der Vertragsnatur der Zahlung nicht aufrecht erhalten werden.

---

der Schuldurkunde, also Zug um Zug zur Zahlung verpflichtet ist.“ — Das Obertribunal scheint übrigens später seine Ansicht geändert zu haben, vergl. Strieth, Arch. 89 S. 335 und dazu Koch, Komm. zu § 86 ALR. I 16.

[1]) Anderer Meinung freilich viele, s. d. Litt. bei Gruchot, Zahlung S. 12. Es kann allerdings über die Zahlung ein Vertrag geschlossen werden (in solutum datio) Windscheid II § 342 N. 3a und es kann die Zahlung durch einen Vertrag (Tradition) erfolgen. Aber beides ist nicht notwendig. Die Zahlung muss an den Gläubiger geschehen, aber es bedarf keines besonderen Annahmerechtsgeschäfts. Sie gehört zu den Rechtshandlungen, die Bekker, Pand. II § 93 Beil. II als Anerklärungen bezeichnen möchte.

Der richtige Gesichtspunkt ist angedeutet in der citierten Entscheidung des Obertribunals vom 23. März 1868 und in der Litteratur vertreten von Bähr [1]), freilich, wie später gezeigt werden wird, von seinem Standpunkte aus mit Unrecht. Es ist ganz richtig, dass der Anspruch auf die Quittung nicht als Obligation zu betrachten ist; er ist kein vermögenslicher Anspruch. Er ist auch nicht, wie fälschlich oft geschieht, zusammenzustellen mit dem Anspruch auf Herausgabe des Schuldscheins. Dieser ist ein echt obligatorischer, geltend zu machen mit der actio ad exhibendum. Dagegen würde es schwer sein, den Quittierungsanspruch in die Kategorien des speziellen Obligationenrechts einzureihen. [2]) Er entsteht nicht aus dem der Zahlung zu Grunde liegenden Rechtsverhältnisse, sondern aus der Thatsache einer giltigen Zahlung. [3]) Den Anspruch auf Quittungsleistung giebt das Gesetz, um für den Interessenten die Existenz der schuldaufhebenden Thatsache sicherzustellen. Er ist ein Beweismittelanspruch, geltend zu machen mit der Feststellungsklage nach § 231 CPO., ein ausserprozessualischer [4]) Feststellungsanspruch.

Sehen wir uns nach Analogien um, so finden wir einen solchen Anspruch im öffentlichen Rechte vielfach anerkannt. [5]) Sehr selten aber giebt das Privatrecht eine Klage auf ein Beweismittel. Denn auszuscheiden sind alle Fälle, in denen die Urkunde notwendig ist für die Ausübung und nicht für den Beweis des Rechtes. Dagegen kann z. B. nach § 853 CPO. bei einem mündlich abgeschlossenen, giltigen Schiedsvertrage jeder Kontrahent die Ausstellung einer Urkunde über den Vertrag fordern. Nach

[1]) Urteile des Reichsg. S. 37.

[2]) Fasst man den Quittierungsanspruch als Obligation auf, so ergiebt sich, dass seine Erfüllung ein neues Recht auf Quittungserteilung erzeugt, und so fort in infinitum.

[3]) „Nicht aus der Quelle, welche die Obligation erzeugt" u. s. w. vgl. die Ausführung in Entsch. d. Reichsger. 28 S. 435.

[4]) Ein prozessualischer ist der auf die Beweisaufnahme zum ewigen Gedächtnis (§§ 447 ff. CPO.), ausserprozessualische z. B. der Anspruch auf Verklarung, Aufmachung der Dispache, Inventarisierung der Erbschaft.

[5]) Anspruch auf Erteilung eines Rechtskraftattests (§ 646 CPO.), einer Erbbescheinigung (Preuss. Ges. v. 12. März 1869), einer Bestallung als Vormund (Preuss. VO. § 24 Abs. 2), eines Berechtigungsausweises zum Bezuge einer Unfalls- oder Altersrente (Unfall-Versich.-Ges. § 64, Alters- und Inval.-Vers.-Ges. § 86).

Art. 391 HGB. kann der Frachtführer die Ausstellung eines Frachtbriefs, also eines blossen Beweismittels für den Frachtvertrag, nach Art. 414 ib. die Ausstellung einer Kopie des Ladescheins (oder Konossements Art. 644 Abs. 3) verlangen. [1]) Das sächsische Recht giebt dem Cessionar einen Anspruch auf Ausstellung einer Cessionsurkunde gegen den Cedenten (BGB. § 970).

Die Frage nach der juristischen Natur dieser Ansprüche hat noch keine genauere Erörterung erfahren. Beispielsweise schweigen sämtliche Kommentatoren des Handelsgesetzbuchs darüber, wie der Beweismittelanspruch des Frachtführers zu realisieren sei. Die Civilprozessualisten [2]) geben sämtlich, mit Ausnahme von Fitting [3]), zu dem erwähnten § 853 die kurze Erläuterung: die Vollstreckung erfolgt nach § 779 CPO. (nach einigen auch nach § 774). So führt auch Hayum [4]) in seiner Monographie über den Schiedsvertrag aus. Für die Vollstreckung des Quittierungsanspruches gab der preussische Justizminister in einem Reskript vom 20. Februar 1837 die Anweisung, dass bei beharrlicher Weigerung des Gläubigers der Richter die Quittung durch einen Justizkommissarius oder Gerichtsbeamten solle ausstellen lassen. [5])

Aber was sollte es für einen Sinn haben, wenn das auf die Verpflichtung zur Quittungsleistung lautende Urteil aus § 773 CPO. vollstreckt würde? Kann denn wirklich ein Dritter „bekennen", dass der Gläubiger die Zahlung empfangen habe? Die Erklärung des Dritten wäre nur ein Zeugnis, und ein solches ist ja in dem Urteile bereits enthalten. § 779 kann nicht zur Anwendung kommen; denn die Quittung ist ja keine Willenserklärung. Freilich. nimmt man, wie Bähr stets es verfochten hat, diese letztere Ansicht an, so ist nicht abzusehen, weshalb

---

1) Dieser Fall ist zweifelhaft, ebenso Art. 39 WO. Dagegen ist echter Feststellungsanspruch das Recht auf Datierung des Wechselaccepts (A. 20 WO.).

2) Vgl. die Komm. von Gaupp, Wilmowski-Levy, Struckmann-Koch, Petersen, Reincke u. a.

3) Fitting, RCP. § 120 A. 4.

4) Der Schiedsvertrag S. 52 f.

5) Vgl. Ergänz. u. Erläut. zu d. preuss. Rechtsbüchern (Rönne) 5. Aufl., Bd. 7 S. 664 f. zu §§ 49 ff. AGO. I 4, Exekutionsverordnung vom 4. März 1834 § 9. Demgemäss gab das Obertribunal bei nicht zu erlangender löschungsfähiger Quittung dem Hypothekenschuldner die Klage auf Rückforderung des Gezahlten (Strieth, Arch. 53 S. 91.) Das richtige Prinzip ist durchgeführt in der Hypothekennovelle v. 24. Mai 1853 § 32.

nicht für die Vollstreckung der § 779 CPO. zur Anwendung kommen sollte. Unbegreiflich ist, wie Bähr dazu kommen kann, die Quittungsklage für eine Feststellungsklage zu erklären. Denn nach ihm ist ja die Quittung die Erklärung des negativen Anerkennungs- oder Feststellungswillens.

Die Behauptung, dass die Quittung prinzipiell, und stets im Sinne der einen Anspruch auf Quittung gebenden Gesetze, ein Beweismittel ist, soll hier zunächst beweislos hingestellt werden. Ist sie aber dieses, und ebenso die Schiedsvertragsurkunde nach § 853 CPO. und der Frachtbrief, so kann doch das Gesetz, das ein Recht auf ihre Ausstellung giebt, nur den Sinn haben, dass der zahlende Schuldner sichergestellt sein soll. Das Gesetz erklärt es für ein berechtigtes Interesse des Schuldners, eine unzweideutige Äusserung des Gläubigers über den Empfang der Zahlung in Händen haben zu wollen. Verweigert der Gläubiger eine solche Bekundung, so hat nun der Schuldner das Recht, die Thatsache der Zahlung anderweit feststellen zu lassen, und das thut er durch Anstellung der Feststellungsklage. Hat er das rechtskräftige Urteil erstritten, so braucht er eine Quittung des Gläubigers nicht mehr; denn jetzt steht die fragliche Thatsache unzweifelhaft fest. Es wäre geradezu sinnlos, jetzt noch die Ausstellung einer Quittung erzwingen zu wollen. [1])

Wir kommen zu dem Schlusse: die Anerkennung eines privatrechtlichen Beweismittelanspruchs durch das Gesetz hat die Bedeutung, dass das Feststellungsinteresse des Berechtigten als ein rechtlich zu schützendes anerkannt wird, die Thatsache der Verweigerung eines solchen Beweismittels bildet kraft Rechtssatzes (ipso jure) ein fundamentum actionis der Feststellungsklage.

Späteren Ausführungen muss hier insoweit vorgegriffen werden, als der von Bähr nicht genügend beachtete Gegensatz von privatem Feststellungsvertrage und prozessualischer Feststellung hervorzuheben ist. Der Feststellungs- z. B. Anerkennungsvertrag schafft Recht kraft Privatwillens, er stellt bindend fest. Das Fesstellungsurteil stellt ebenfalls bindend fest, aber nicht auf Grund privater feststellender Vereinbarung, sondern auf Grund der materiellen Wahrheit, resp. der im Prozess gemachten Zugeständnisse. Wird aus dem Feststellungsvertrage geklagt, so kann die Klage nur gehen auf Anerkennung der nachträglich

---

[1]) Richtig daher das Oberappellationsger. Cassel bei Seuff., Arch. 9, 115.

bestrittenen Feststellungen, auf Abgabe einer Willenserklärung.[1]) Dagegen wird im Feststellungsprozesse darauf geklagt, festzustellen, dass eine Thatsache wahr oder unwahr sei, das Gericht soll die Thatsachen ermitteln und definitiv festlegen. Die private Verpflichtung zur bindenden Feststellung oder Anerkennung (und eine solche enthält ja nach Bähr die Quittung) kann nie Gegenstand des Feststellungsprozesses sein.

Als ein Anspruch auf Abgabe einer Willenserklärung ist dagegen anzusehen der Anspruch auf Ausstellung eines Mortifikationsscheines.

Wir haben bisher nur von der nachträglichen Quittungsklage gesprochen. Aber Zahlung und Quittung sind Zug um Zug zu leisten. Verweigert der Gläubiger die Ausstellung einer Quittung, so kommt er in mora accipiendi. Der Schuldner braucht nicht eher zu leisten, als der Gläubiger ihm Quittung anbietet. Man nennt dies ein Rententionsrecht des Schuldners an der schuldigen Leistung; die Berechtigung einer solchen Bezeichnung mag dahingestellt sein, und nur die Frage aufgeworfen werden, welchen Zweck es hat, ein Retentionsrecht in der gemeinrechtlich üblichen Ausdehnung (cf. z. B. Dernburg Pand. I § 138) zu konstruieren[2]).

III. Aus der Natur des Quittungsanspruchs muss die Antwort auf eine Frage abgeleitet werden, für die es an positiven Bestimmungen fast gänzlich fehlt: Welches ist die Form der Quittung?[3])

Die einfachste und richtigste Antwort ist freilich: gar keine; Formvorschriften existieren für die Quittung überhaupt nicht. Selbstverständlich ist, dass sie alles enthalten muss, was erforderlich ist, um die zu bekundende Thatsache ausser Zweifel zu stellen. Das preussische Recht zählt vier solche Erfordernisse auf (ALR. I 16 § 87), nämlich 1. Benennung der getilgten Schuld, 2. Benennung

---

1) Denn der Feststellungsvertrag, vgl. unten, macht nicht Beweis, sondern Recht; er verpflichtet die Partei zur Anerkennung, nicht den Richter zur Unterlassung der Prüfung im Beweisverfahren.

2) Das Retentionsrecht des HGB., Art. 313 ff. ist ein dingliches, dem Pfandrechte sehr nahestehendes Recht. Was im übrigen als Retentionsrecht bezeichnet wird, steht mit dem handelsrechtlichen Zurückbehaltungsrecht nur noch historisch im Zusammenhang.

3) Vgl. im allgemeinen Gruchot, Zahlung S. 189 ff. Cohn in Endemann's Handb. III S. 1020 f. Dass die Quittung vom Gläubiger zu unterschreiben ist, kann man nicht eigentlich als ein Formerfordernis bezeichnen. Vgl. unten.

des Schuldners, 3. Angabe von Zeit und Ort der Zahlung, 4. Unterschrift des Gläubigers. Wenn für den Schuldner ein anderer zahlt, so soll die Quittung auch diesen benennen (§ 88 ib.) Analphabeten sollen unter Zuziehung von 2 Zeugen unterzeichnen [1]; doch genügt bei Beträgen unter 150 Mk. auch die Zuziehung nur eines Zeugen, und bei höheren Beträgen kann der Schuldner die Aufnahme der Quittung vor Gericht oder vor einem Notar fordern. [2] [3] Das österreichische Recht hat etwa dieselben Vorschriften, wie das preussische. [4]

Das sächsische Gesetzbuch giebt einen Anspruch auf eine gerichtliche Quittung nicht nur gegen Analphabeten, sondern stets wenn der Schuldschein gerichtlich ausgestellt war oder der gewöhnliche Schuldschein verloren gegangen ist oder die Forderung auf rechtskräftiger Entscheidung beruht oder endlich der Schuldner der Quittung zur Erlangung einer richterlichen Verfügung z. B. Löschung einer Hypothek bedarf. [5]

Der Entwurf eines B. G.-B. für das deutsche Reich hat einen Mittelweg eingeschlagen. Im allgemeinen soll zwar keine besondere Form erforderlich sein; aber übereinstimmend setzen beide Lesungen hinzu: „Hat der Schuldner ein rechtliches Interesse, dass die Quittung in anderer Form erteilt werde, so ist der Gläubiger verpflichtet, dieser Form zu genügen. (E I § 269, E II § 317.) Genau genommen giebt es jedoch, wie oben schon bemerkt ist, keine bestimmte Form der Quittung. Die eine, dass sie vom Gläubiger unterschrieben resp. unterzeichnet sein muss, liegt in ihrem Begriff. Denn die Quittung ist stets eine Urkunde.

---

1) So auch für das gemeine Recht. Cohn a. a. O. A. 122.

2) Dasselbe muss wohl nach § 171 ALR. I 5 für Blinde und Taubstumme gelten. Auf die Beobachtung dieser Form hat der Schuldner ein Recht und kann nach §§ 91 f. ALR. I 16 deren Nachlieferung fordern, wenn zwischen ihm und dem Gläubiger bis dahin eine fehlerhafte Form üblich war. Vgl. noch die ausführlichen Vorschriften in AGO. II 2 insbes. § 25. Dazu §§ 62 ff. AGO. III 7.

3) Vgl. die strengen Vorschriften der Depositalordnung vom 15. Sept. 1783 §§ 165 ff. II 7.

4) BGB. § 1426.

5) Das französische Recht hat keine Formvorschriften. A. 1326 betrifft die Quittung nicht, höchstens soweit sie eine Verpflichtung begründet (Dotalquittung). Vgl. noch die Sonderbestimmung aus A. 472. Die artt. 1250, 1252, 2103 No. 2 betreffen nicht den Beweis der Zahlung, sondern ihre Rechtsgiltigkeit.

Es giebt allerdings auch einen mündlichen Quittungsakt, aber wir nennen doch Quittung nur das schriftliche Empfangsbekenntnis.

Wir haben heute freie Beweiswürdigung, und der Richter hat also nach seinem Ermessen darüber zu entscheiden, inwieweit die Quittung beweist. Möglicherweise wird ihm eine allen Formerfordernissen entsprechende Quittung als unbeweisend erscheinen und eine den gesetzlichen Vorschriften nicht entsprechende als ausreichendes Beweismittel. In den Ausdrücken des Empfangsbekenntnisses besteht ja auch eine grosse Verschiedenheit. Ebenso giebt es keine feste Regeln dafür, ob die Quittung auf den Schuldschein zu setzen oder als eigene Urkunde auszustellen sei. [1])

Die oben erwähnten Erfordernisse stellen also nur das Objekt des Quittungsanspruches näher dar. Sie beschreiben, was eine „ordnungsmässige" Quittung ist, wie sie der Schuldner zu verlangen berechtigt sein soll. Sie umgrenzen den Quittierungsanspruch, aber sie berühren nicht das Wesen der Quittung. [2])

IV. Die nächste Frage ist: wer sind die Subjekte des Quittungsanspruches? Die Antwort ist einfach: auf der einen Seite der zahlende Schuldner oder wer für ihn zahlt und seine Rechtsnachfolger [3]), auf der anderen der Empfänger der Leistung, der Gläubiger und seine Rechtsnachfolger, sein Cessionar oder Assignatar. [4]) Aber die Frage nach der Passivlegitimation bedarf noch einer kleinen Erörterung.

Wieder muss unterschieden werden die Quittung im Prozess als Beweismittel und die Quittung als Objekt des Quittierungsanspruchs. Die Quittung ist Bekundung der Thatsache, dass gezahlt worden; eine solche Thatsache kann auch ein Kind, ein Minderjähriger, ein Wahnsinniger, ein Verschwender bekunden, und diese Bekundung kann vollen Beweis liefern. Aber der

---

[1]) Die Quittierung auf der Schuldurkunde ist üblich bei den Wertpapieren; ausdrücklich bestimmt in art. 39 WO. art. 303, 418 etc. HGB.

[2]) Nicht Formvorschrift, sondern materiell rechtlicher Natur ist § 68 al. 7 der Verkehrsordnung.

[3]) Unter Umständen, wer sich dem Schuldner gegenüber zur Bewirkung seiner Befreiung verpflichtet hat, also der Verkäufer eines hypothekarisch belasteten Grundstücks (Strieth., Arch. 47 S. 149), nicht der Nachbesitzer eines Grundstücks wegen der vom Vorbesitzer gezahlten Hypothek; Strieth. 82 S. 5.

[4]) Betreffs des Assignatars jedoch Entsch. d. Rg. vom 16. III 1881 bei Rönne, Ergänz. II Anm. 29 zu § 86 ALR. I 16.

Schuldner, der an einen Minderjährigen gezahlt hat, braucht sich mit dessen Quittung nicht zu begnügen, sondern kann von dem ratihabierenden Vormunde nachträgliche Quittung verlangen. Denn die giltige Zahlung soll festgestellt werden, und die Quittung des Nicht-Empfangsberechtigten kann diese Thatsache nicht immer ausreichend beweisen, daher ist quittierungspflichtig, wer empfangsberechtigt ist.

Man kann aber auch, statt von der Pflicht zu quittieren, von der Quittierungsvollmacht sprechen. Vielfach giebt das Gesetz über diese besondere Vorschriften. Als Regel lässt sich auch hier die Wechselbeziehung von Empfangsvollmacht und Quittierungsvollmacht aufstellen. [1]) Quittieren kann also der Vormund, Kurator, Liquidator, Konkursverwalter [2]) etc., nach dem Handelsgesetzbuch (art. 49 sqq.) ausser dem Prokuristen und Handlungsbevollmächtigten [3]) auch der im Laden angestellte Handlungsgehülfe und der Handlungsreisende, nach der Civilprozessordnung der Anwalt (§ 77) [4]) und der Gerichtsvollzieher (§§ 675, 677). [5])

Die Frage nach der Quittierungspflicht betrifft das Verhältnis zwischen Zahlungsleister und Zahlungsempfänger, die Frage nach der Quittierungsvollmacht das Verhältnis zwischen Zahlungsempfänger und Gläubiger. Daher braucht juristisch beides nicht zusammenzutreffen. Thatsächlich aber ist es die Regel.

---

[1]) Vgl. insbes. art. 49 ff. HGB. S. auch § 1306 Sächs. BGB. Über die Auslegung einer solchen Vollmacht handelt Seuff., Arch. 44, 175.

[2]) § 5 Abs. 2 KO., vgl. die Beschränkung in § 125 und Rg.-Entsch. vom 14. III 1881 bei Rönne a. a. O. zu § 86 Anm. 2b. Über den Zwangsverwalter § 142 des Gesetzes vom 13. Juli 1883. — Über den Vormund im französischen Recht art. 482, 838 code civ., Entsch. d. Rg. 20 S. 341. — Nicht nötig ist Mitwirkung des Kirchenpatrons bei Zahlungen an die Kirche; Strieth. 27 S. 33.

[3]) Sie sollen mit einem das Vertretungsverhältnis andeutenden Zusatze quittieren (art. 44, 48 HGB.). Dessen Fehlen macht aber die Quittung nicht wertlos. Entsch. d. ROHG. 12 S. 133.

[4]) Nicht anerkannt im gemeinen CP. vgl. Glück V S. 291. Für das preuss. Recht § 1 AGO. I 3 cf.; § 105 ALR. I 13.

[5]) So schon bei der extimatio des altitalienischen Civilprozesses: Hist. patr. mon. XVI S. 1729. — Nach § 677 Abs. 2 CPO. soll der Exequend noch nachträglich Quittung des Gläubigers fordern können. Das ist zwecklos; denn die Quittung des Gerichtsvollziehers ist als öffentliche Urkunde vollbeweisend. Vgl. Seuffert und Wilmowski-Levy ad § cit. Vgl. für das Administrativzwangsverfahren § 2 Abs. 4 der preuss. Ausführungsanweisung vom 15. Sept. 1879 (GSS. 59). Für das frühere Recht § 65 f AGO. I 10 und Reskripte dazu.

V. Der Gerichtsstand der Quittungsklage ist der Gerichtsstand des Erfüllungsortes. Anders (nämlich für den allgemeinen Gerichtsstand des Gläubigers) hat freilich infolge einer falschen Auffassung von der Natur des Quittierungsanspruches das Reichsgericht entschieden. [1]) Das Gericht des Erfüllungsortes ist nach § 29 CPO. zuständig für die Klage auf Feststellung des Bestehens oder Nichtbestehens eines Vertrages, also auch, wie wohl nirgends bestritten wird, auf Feststellung des Nicht- oder Nicht-mehr-bestehens einer vertragsmässigen Verbindlichkeit. Eine solche ist, wie oben gezeigt, die Quittungsklage. Übrigens ergiebt sich aus der reichsgerichtlichen Auffassung auch die missliche Konsequenz, dass die Klage auf die Quittung vor einem andern Gerichte geltend zu machen ist, als die Klage auf Rückgabe des Schuldscheins oder Ausstellung einer Mortifikationsurkunde.

VI. Die Kosten der Quittung werden von der herrschenden Lehre und den meisten Gesetzen mit Recht dem Schuldner auferlegt. Freilich hat auch die entgegengesetzte Ansicht, dass der Gläubiger die Quittungskosten zu tragen habe, namhafte Vertreter. [2]) Sie entspringt aus der unseres Erachtens falschen Prämisse, dass die Quittierungspflicht eine Obligation sei wie jede andere, also doch der Schuldner (d. h. hier der Gläubiger) die Erfüllung auf seine Kosten übernehmen müsse. Ihre Unhaltbarkeit zeigt sich an dem Resultat, dass dann der Gläubiger garnicht die volle Schuldsumme bekommen kann, sondern immer etwas weniger. Dagegen kann natürlich nicht angeführt werden, dass die Quittung oft gar keine Kosten verursachen wird. Das richtige Prinzip ist allein die Kostenpflichtigkeit des Quittungsempfängers. Der Entwurf hat dieses auch angenommen. [3])

---

[1]) Entsch. 28 S. 436.

[2]) Z. B. Gruchot, Zahlung S. 192 ff. und die dort Citierten, insbes. Böhme in Gruchot's Beitr. 12 S. 42 ff. Förster-Eccius in den früheren Aufl. I § 91, die neueren vertreten eine Mittelmeinung. Koch, Komm. zu § 86 u. ausführlich Forderungen II S. 645 ff. Dieses Prinzip ist durchgeführt im Sächs. GB. §§ 981, 984. Für die hier vertretene Ansicht Dernburg, Pandekten II § 55 a. E. Preuss. Pr. II § 96 A. 10. Rehbein a. a. O. S. 23 Anm. Zach. v. Lingenthal II S. 276 A. 12 Cohn a. a. O. S. 1024. Von Gesetzen code civ. art. 1248 Preuss. EEG. v. 5. V 1872 § 61. — Vgl. noch Reinhold, „Quittungskosten und Quittungspflicht". Wien 1892. — Der revidierte Entw. des Sächs. GB. liess Gläubiger und Schuldner gemeinsam haften. Für das preuss. Recht s. noch bes. Rönne, Ergänz. II ad § 86. Die Gesetzrevisoren entschieden 1826, dass jeder die durch ihn verursachten Kosten tragen solle. Das richtige Prinzip vertrat schon das Reskript vom 27. XI. 1798.

[3]) a. a. O.

Von beiden Prinzipien werden übrigens Ausnahmen zugelassen, z. B. soll der Gläubiger stets die Kosten der Beschaffung seiner Legitimation tragen und überhaupt die durch Gründe, die in seiner Person liegen, z. B. durch seine Schreibunkenntnis, verursachten Kosten. [1]) Zweifelhaft ist, ob man dem Gläubiger dann die Kosten auferlegen soll, wenn das Schuldverhältnis nur in seinem Interesse besteht [2]), z. B. bei Mandat, Depositum und Vormundschaft, genauer wäre es zu sagen, dass hier der Schuldner die Quittungskosten vom Gläubiger ersetzt verlangen kann, wenn Quittungsausstellung notwendig war, wie z. B. bei der Vormundschaft, Dritten gegenüber aber stets den Schuldner haften zu lassen.

VII. Stets ist auch bei Teilzahlungen, soweit der Gläubiger diese überhaupt anzunehmen verpflichtet ist, Quittung zu leisten. [3])

VIII. Das Recht des Gläubigers auf Ausstellung einer Gegenquittung, das von Justinian in l. 19 C. de fide instr. in beschränkten Grenzen anerkannt worden ist, ist wenig praktisch [4]) und bedarf, da es vollständig nach Analogie des Rechtes auf die Quittung zu behandeln ist, keiner weiteren Erörterung.

§ 3.

Der Beweis der Zahlung.

I. Die Quittung kommt im Beweisverfahren in zwei Eigenschaften in Betracht: als Beweismittel und als Beweisgrund. Sie ist Urkunde und aussergerichtliches Geständnis. Sie beweist als Urkunde das in ihr enthaltene Empfangsbekenntnis, als Geständnis die Thatsache der Zahlung.

Die Quittung steht als Urkunde [5]) unter den Beweisregeln der §§ 380 ff. CPO. Die öffentliche z. B. notarielle Quittung beweist

[1]) Vgl. z. B. EEG. § 61.

[2]) So Protok. zu E I S. 1398, vgl. 1399. Vgl. auch Motive.

[3]) Motive zu E I Bd. 2 S. 89 Abs. 3.

[4]) Doch s. o. S. 90 A. 1.

[5]) Bezüglich der Bekundung von Zahlungen durch Kerbhölzer verwies § 124 ALR. I 16 auf den (inhaltslosen) § 164 AGO. I 10. Nach der CPO. unterliegt die Kerbholz-Bekundung als blosses Indiz, nicht Urkunde (a. M. Rehbein-Reincke zu § 124 cit.) gemäss § 259 CPO. der freien richterlichen Würdigung.

entweder die Thatsache der Zahlung oder die Thatsache der abgegebenen Erklärung (§§ 380, 383). Die unterschriebene Privatquittung beweist die Abgabe der Erklärung durch den Aussteller der Quittung. Zwischen § 382 CPO. und § 93 ALR. I 16 besteht jedoch ein gewisser Gegensatz.

Ist gemäss der landrechtlichen Vorschrift die Quittung eines Analphabeten unter Zuziehung von zwei Zeugen ausgestellt, so beweist sie zwar nach § 104 ib. die Zahlung, aber ihre Echtheit [1]) ist nach § 381 CPO. noch nicht voll bewiesen; es tritt also nicht die praesumtio iuris et de iure des § 381 ein, sondern nur eine einfache Rechtsvermutung. Ist die Quittung durchstrichen oder beschädigt, so entscheidet nach § 384 CPO. das Gericht nach freiem Ermessen.

Die Regel des Verkehrs ist, dass Quittung und Zahlung unmittelbar gegeneinander ausgetauscht werden. Die Quittung wird also gewöhnlich vor der Zahlung ausgestellt. Darum muss man ergänzend bemerken, dass die Quittung, wie freilich alle Urkunden, erst beweiskräftig wird mit ihrer Aushändigung. Der Richter könnte vielleicht auch aus einer noch nicht an den Destinatär gelangten Quittung schliessen, dass Zahlung erfolgt sei, eine solche Quittung wäre aber noch kein Geständnis, sondern ein blosses Indiz. [2]) [3])

II. Wir haben hiermit schon die Beweisgrundqualität der Quittung berührt. Sie unterliegt als solche der freien richterlichen Würdigung. Regelmässig wird sie beweisen, dass Zahlung erfolgt sei. Das ist zunächst ein blosser Erfahrungssatz. Im preussischen Rechte ist er zur praesumtio juris erhoben (§ 104 sq.). Sie beweist nicht und braucht nicht zu beweisen, dass Barzahlung erfolgt sei, denn sie braucht eine solche Angabe nicht zu enthalten; jedes Geschäft (in solutum datio, Kompensation)

---

1) Echtheit in dem weiteren Sinne, dass die Erklärung vom Aussteller herrührt, vgl. Wilmowski-Levy, Komm. zu § 381 Nr. 1 Abs. 4.

2) Damit ist natürlich nicht gesagt, dass die Quittung, um wirksam zu werden, einer besondern Annahme bedürfe (Beschl. d. Kammerger. b. Rönne, Ergänz. II Nr. 8 zu § 86 I 16).

3) Dasselbe gilt von der wieder zurückgegebenen Quittung (ausser wenn Teilzahlung auf dem Schuldschein vermerkt ist) und von der durchstrichenen oder zerrissenen. — Natürlich braucht nicht der Schuldner die Behändigung nachzuweisen (Gruchot, Zahlung S. 200 f.); aber der Richter kann ihm diesen Beweis auferlegen.

kann gleichfalls vermutet werden. Es ist sehr wichtig, ob man den § 104 als durch die Civilprozessordnung beseitigt ansieht oder nicht. Letzteres muss man thun, wenn man ihn als Rechtsvermutung, ersteres wenn man ihn als blosse Beweisregel auffasst. Die Praxis des preussischen Obertribunals hat geschwankt [1]; die herrschende Lehre erklärt sich zur Zeit gegen die Fortgeltung der §§ 104, 105 als Rechtsvermutung. [2] Aber gegen diese Annahme spricht sowohl die Fassung des § 104, wie die Selbstverständlichkeit der nach der gegenteiligen Ansicht in ihm enthaltenen Beweisregel.

Stellt der Schuldner dem Gläubiger einen Revers [3] aus, dass Zahlung trotz der Quittungsleistung nicht erfolgt sei, so verliert die Quittung zwar nicht unbedingt alle Beweiskraft, wie § 108 ALR. 1 16 sagt (insofern ist er aufgehoben durch § 14 ECPO.), aber natürlich greift die Rechtsvermutung des § 104 nicht Platz.

Es wird gelehrt, die Quittung beweise nur zwischen den Parteien. Das ist richtig, aber man muss den Doppelsinn des Satzes erfassen. Die Quittung hat die Wirkung eines aussergerichtlichen Geständnisses nur zwischen den Parteien des Prozesses, in dem sie produziert wird. Im übrigen steht sie einem unbeeidigten Zeugnisse gleich. [4] Sie beweist aber ferner nur, dass eine Vermögensübertragung erfolgt ist zwischen den Parteien der Urkunde [5], also bei mehreren Gläubigern bezw. Schuldnern beweist sie nur die Zahlung des Quittungsempfängers an den Quittungsaussteller.

---

1) Blosse Beweisregel: Präjud. 2769; Strieth., Arch. 50, S. 349, 80 S. 361; eine Rechtsvermutung: Präjud. 1034; Entschl. 63 S. 166.

2) Vgl. Koch, Komm. a. a. O.; Rehbein a. a. O.; Förster-Eccius I 91; Bolze 1 No. 302, 4 No. 260, 5 No. 226, 229.

3) Dem Reverse steht gleich das gerichtliche Geständnis der Nichtzahlung, ja es wirkt noch stärker: Busch, Archiv 29 S. 330; Bolze 17 No. 237; Entsch. d. ROHG 24 S. 339.

4) Koch A. 89 zu § 104 ALR. I 16.

5) Hier sei bemerkt, dass die Quittung zweifellos zu den gemeinschaftlichen Urkunden des § 387 CPO. gehört; sie bekundet ein gegenseitiges Rechtsverhältnis. Man kann dagegen nicht anführen, dass die Zahlung kein Rechtsverhältnis sei. Gewiss ist sie das nicht, sondern eine rechtserhebliche Thatsache. Aber Rechtsverhältnisse werden überhaupt nicht bekundet; sondern immer nur Thatsachen. Die Definition der CPO. ist eben schlecht formuliert. Sie meint Bekundung einer für ein gemeinschaftliches Rechtsverhältnis erheblichen Thatsache. Hieraus kann kein Argument für die Bekämpfung der „Beweismitteltheorie" entnommen werden. Dies gegen Dilloo S. 85.

Der Aussteller und sein Rechtsnachfolger kann die Quittung anfechten [1]) mit dem Gegenbeweise der Unwahrheit der bekundeten Thatsachen. Er muss den Nachweis führen, dass der rechtliche Thatbestand in erheblichen Punkten falsch wiedergegeben, insbesondere dass Zahlung nicht erfolgt ist. Dazu genügt noch nicht der Nachweis, dass Zahlung nicht erfolgt war im Momente der Quittungsausstellung, da ja oft Zahlung und Quittungsausstellung zeitlich weit auseinanderliegen. [2]) In der richtigen Auffassung des von den Anhängern der Anerkennungstheorie mit Vorliebe „frivol" gescholtenen Gegenbeweises der Nichtzahlung liegt eigentlich der Schlüssel zu der richtigen Behandlung und Erkenntnis des Beweismittels. Mit dem Gegenbeweis, dass zur Zeit der Quittungsausstellung nicht gezahlt worden sei, braucht der Gläubiger noch lange nicht das Spiel gewonnen zu haben. Denn zwei Dinge sprechen als Indizien gegen ihn: einmal die Ausstellung der Quittung überhaupt und ihre Aushändigung, sodann aber das Belassen der Quittung in den Händen des dolose handelnden Schuldners. Natürlich beweist die Quittung nicht die später erfolgte Zahlung. Aber das Verhalten des Gläubigers ist ein in der Beweiswürdigung wohl zu beachtendes Moment. Eben hierin liegt der eigentümliche Beweiswert des aussergerichtlichen Geständnisses, dass da, wo es aufhört, als Bekundung (Geständnis oder Zeugnis) zu wirken, seine indizierende Kraft beginnt. [3])

III. Die normale Beweiskraft der Quittung ist vielfach, insbesondere im gemeinen Rechte, eingeschränkt worden. In l. 17 C. si cert. pet 4, 2 bestimmte Justinian, dass Begründung und Erfüllung von Darlehnsobligationen in Höhe von mehr als 50 Pfund Goldes stets nur unter Zuziehung von drei Zeugen stattfinden solle; ohne deren Unterschrift solle die Quittung beweisuntüchtig sein. [4]) Die Stelle steht in engem Zusammenhang mit der mehrfach erwähnten, durch Nov. 30 c. 2 ergänzten l. 18 C. de test. 4, 20, die alternativ den Quittungs- oder den Fünfzeugenbeweis für die

---

[1]) Nach konstanter preussischer Praxis auch die gerichtliche trotz AGO. I 10 § 126 (Gruchot in seinen Beitr. VII S. 5; Strieth., Arch. 41 S. 164), heut nach §§ 380 383 CPO.

[2]) Vgl. Bolze 7 No. 200.

[3]) Ähnlich schon Bruns in Zeitschr. f. Rechtsgesch. Bd. I S. 124 ff.

[4]) Eine libra auri ist nach l. 5 C. de suscept. 10, 72 gleich 72 solidi; da der solidus nach heutiger Rechnung = $9\frac{1}{3}$ M., sind 50 Pf. Gold = 33600 M.

Zahlung verbriefter Schulden [1]), und nur wenn die Quittung verloren gegangen war, den einfachen Zeugenbeweis zulässt. Im Sinne Justinians wird mit Sintenis [2]) anzunehmen sein, dass auch für die Fälle der l. 17 cit. fünf Zeugen erforderlich waren. Ebensoviel verlangt auch für die Quittung von Analphabeten Nov. 73 c. 8.

Die Geltung dieser sämtlichen rein prozessrechtlichen Vorschriften war schon im gemeinen Rechte sehr bestritten. [3]) Für die l. 17 cit. dürfte sich wohl ein derogatorisches Gewohnheitsrecht annehmen lassen. [4]) Jedenfalls sind sie beseitigt durch ECPO. § 14 Nr. 2. Auch hatten schon vorher die modernen Gesetzgebungen fast sämtlich diese Vorschriften abgeschafft. [5])

IV. Von einschneidender Bedeutung war für das römische und für das moderne Recht eine andere Beschränkung der Beweiskraft der Quittung, die querela non numeratae pecuniae. Sie bewirkt nach gemeinem Rechte, dass Quittungen innerhalb 30 Tagen beweisuntüchtig sind. Seit 1879 ist ihre Geltung fast vollständig beseitigt.

In der Lehre von der querela n. n. p. ist neuerdings so ziemlich alles streitig. Solange sie praktische Geltung hatte, war die Frage nach ihrem wahren Inhalte von höchster Wichtigkeit für den Rechtsverkehr. Daher die zahlreichen Versuche, das unglückselige Institut dogmatisch zurechtzuzimmern. Heute, wo die Frage nur noch historisches Interesse besitzt, wird das genauere Quellenstudium immer wieder dazu führen, die Resultate der bis zuletzt herrschend gebliebenen, am erschöpfendsten von

---

1) Auch auf andere Schulden beziehen die Constitution Linde in Zeitschr. f. CP. I S. 142 ff.; Glück 22 S. 219; Hassenpflug, Kl. Schriften S. 117 ff.

2) Gemeines Civilrecht II § 103 A. 88.

3) Vgl. den ausführlichen Litteraturbericht bei Windscheid Bd. II § 344 A. 2 der 4. A. (1875) und ergänzend Sintenis II § 103 A. 88; Arndt § 262 A 1; Wetzell § 23 A. 72; Holzschuher III § 227 Nr. 12; Brunner, Zeitschr. f. Handelsr. Bd. 22 S. 79 A. 4 (Forschungen S. 537 A. 3); Gruchot, Zahlung S. 182; Bayer Vortr. über den gem. CP. S. 458; Keller § 270.

4) Die l. 17 C. cit. wird beinahe totgeschwiegen (für ihre Fortgeltung nur Glück XXII S. 219, gegen sie ausdrücklich Holzschuher a. a. O., dort weitere Litt.; vgl. auch Koch, Komm. zu § 93 ALR. I 16). Die Geltung der l. 18 cit. verfechten Windscheid u. Linde, der sie sogar für neuere Gesetzgebungen empfiehlt; dafür, wie es scheint, auch Keller, Göschen, Wening-Ingenheim.

5) Als Ausnahmefall figuriert die Nassau-Katzenelnbogische Landordnung cf. Gruchot a. a. O. S. 182 A. 2.

Gneist [1]) dargestellten Lehre im grossen und ganzen zu bestätigen. Nur in allgemeinen Umrissen soll hier versucht werden, die Entwickelung und Bedeutung des singulären Rechtsmittels darzulegen. [2])

Auszugehen ist von der gesetzlichen Bezeichnung desselben. Diese ist weder exceptio noch replica, sondern nur querela non numeratae pecuniae. [3]) Querela aber ist kein technischer Begriff für ein Rechtsmittel des römischen Civilprozesses. Die actio und die exceptio dienten der Rechtsverfolgung, die querela der Anrufung des freischaltenden kaiserlichen Willens oder des nach freier Cognition richtenden Beamten. [4]) Das Analogon ist die querela inofficiosi testamenti, ursprünglich nicht die Geltendmachung eines Rechtes auf die Erbschaft, sondern die Klage „über" die Lieblosigkeit des Erblassers. So ist die querela non numeratae pecuniae kein Rechtsmittel, sondern die Klage darüber, dass die versprochene Summe nicht ausbezahlt sei. Der Prätor der klassischen Rechtsperiode erkannte eine solche Klage nicht an; weder ius civile noch ius honorarium waren hier verletzt; er gab also weder eine actio noch eine exceptio gegen den Inhaber des Scheines.

Freilich verweigerte der Prätor nicht jedes Rechtsmittel gegen dolose Darlehnsgläubiger, er gab die exceptio doli und metus causa und auch die restitutio in integrum, wenn für diese die Voraussetzungen vorlagen. Die exceptio doli wurde insbesondere erteilt [5]), wenn es dem Gläubiger gelungen war, dem Schuldner vor der Auszahlung den Schuldschein abzulocken und er später, ohne das Darlehn gezahlt zu haben, die condictio an-

---

1) Die formellen Verträge S. 7—110, 265—318.

2) Die folgende Darstellung schliesst sich im ganzen an Pernice in Ztschr. d. Sav.-St. Bd. XIII S. 272 ff. an; vgl. Litt. bei Gneist S. 4—6; Schlesinger, Formalverträge S. 179; Windsch. II § 372 in d. Note zur Überschrift. vgl. auch Vangerow, Keller, Dernburg u. Bähr, Anerkennung.

3) Das wird mit Rücksicht auf l. 3 u. 5 sq. C. h. t. § un. I. de litt. obl. 3, 23 wohl bestritten werden. Aber abgesehen von der Frage, wieweit in l. 3 und 5 citt. die echt exc. doli seu n. n. p. (vgl. unten) hineinspielt, so ist entscheidend, dass überhaupt das Wort querela vorkommt; dies wäre nie gebraucht worden, wenn es sich von vornherein um die Geltendmachung eines civilrechtlich anerkannten Gegenanspruchs gehandelt hätte.

4) Vgl. über die Bedeutungen von querela Gneist S. 65 ff.; Pernice S. 280 erklärt es für den technischen Ausdruck der im Kognitionsverfahren angebrachten Klage.

5) Vgl. Bähr (Anh. III) S. 264; Schlesinger S. 216 ff.; Gneist S. 185.

stellte. In dieser Bedeutung findet sich die exceptio doli mehrfach in den Quellen erwähnt; wenn sie gegenüber Personen gegeben wurde, denen einen dolus vorzuwerfen für unstatthaft galt, hiess sie exceptio non numeratae pecuniae: l. 4 § 16 D. de doli exc. 44, 4; vgl. l. 1 § 2 D. de stip. serv. 45, 3; l. 29 pr. D. mand. 17, 1; l. 30 D. de R. C. 12, 1. Die Beweislast für das Vorhandensein des dolus, also des non numeratam esse pecuniam traf nach allgemeinen Regeln den Excipienten, und nirgends haben wir in den Pandekten einen Anhaltspunkt für die Annahme des Gegenteils. Wieviel oder wie wenig Gewicht der judex auf das in der Urkunde enthaltene Geständnis legte, wissen wir nicht.

Erst mit dem Verfall des Formularprozesses kann man dazu gekommen sein, für die verschiedenen auf demselben Thatbestand beruhenden Rechtsmittel einen einheitlichen, durch eine eigentümliche Beweisregel ausgezeichneten Rechtsbegriff einzuführen. Weshalb gerade für diesen Thatbestand, das lässt sich nicht mehr sicher fesstellen. Jedenfalls muss er besonders häufig hervorgetreten sein. Die querela n. n. p. ist ein Symptom für den Verfall der altrömischen Verkehrsformen und eine der wichtigsten von den zahlreichen Änderungen und Milderungen des alten strengen Schuldrechts. [1]) Die justinianische Gesetzgebung hat den Ausbau des Institutes zu vollenden gesucht; volle Einheitlichkeit und Klarheit ist auch durch sie noch nicht geschaffen worden.

Das charakteristische Merkmal der Querel ist die Verschiebung der Beweislast. Materiell ist die querela eine Anfechtung der Urkunde. Aber sie ist gedacht und benannt als ein Leugnen des klägerischen Anspruchs. Der Kläger musste also beweisen; zum Beweise durfte er aber die Urkunde nicht benutzen. Der Beklagte bedurfte keiner weiteren Begründung für seine Anfechtung; es sollte die Erklärung genügen, pecuniam non esse numeratam. Der Beklagte erhält das beneficium der Ungiltigkeit seines früheren Geständnisses. Das war früher anders gewesen. In l. 1 C. h. t. [2]) legt Severus ausdrücklich dem Anfechtenden, der ein gegebenes Pfand zurückfordert, den Beweis auf: Si pecuniam tibi non esse numeratam atque ideo frustra

1) Vgl. die lex Anastasiana, das Verbot des anatocismus, die Restitution gegen laesio enormis, das Verbot der lex commissoria beim Pfandrecht, die beneficia der Bürgen, die Erweiterung des Compensationsrechts u. a. m.

2) Identisch mit l. 1 C. de pign. conv. 8, 32. — Zum folgenden vgl. die Exegese der einzelnen Stellen des Titels 4, 30 bei Bekker, Aktionen I S. 387 ff.

cautionem emissam (adseris) et pignus datum probaturus es, in rem experiri potes. [1]) Und entsprechend verteilt die Beweislast l. 1 C. de cond. ob turp. cau. 4, 7. In der l. 3 C. h. t. vom Jahre 217 taucht zuerst die Beweispflicht des Klägers auf: . . . compellitur petitor probare pecuniam tibi esse numeratam. Aber hier handelt es sich nicht um eine Darlehnsurkunde, sondern um einen Stipulationsschein. Und hier zeigt sich der freilich sehr lose Zusammenhang der Querel mit dem älteren Rechte, wie es in der berühmten, vielumstrittenen l. 25 § 4 D. de prob. 22, 3 vorgetragen wird.

Aber der Unterschied, auf den alles Gewicht zu legen ist, besteht zwischen l. 3 cit. und l. 25 § 4 cit. bereits, wenn er auch in der dem Kaiser vorliegenden Frage kaum zu bemerken war, dass in dem Digestenfragmente von der cautio indiscreta die Rede ist, während die Stipulationsurkunde der l. 3 cit. als Verpflichtungsgrund das Darlehn angab. Der Übergang mag sich ganz allmählich vollzogen haben; sehr wahrscheinlich ist es, dass die erste Anwendung der exc. n. n. p., die gewiss lange vor der Zeit des Alexander Severus liegt [2]), in dem griechisch-römischen Vulgarrechte der östlichen Reichshälfte ihren Ursprung hat. [3]) Zur Zeit Diokletians sprechen die Constitutionen ganz deutlich von der Beweisuntüchtigkeit des Darlehnsschuldscheines (l. 10 C. h. t. et ob hoc ad petitorem eius rei necessitatem transferentem). Die Frist für die Anbringung der Querel war ursprünglich wohl ein annus utilis [4]); sie wurde dann (vermutlich von Diokletian) auf ein quinquennium continuum erstreckt. [5])

Nur aus der Geschichte des römischen Urkunden- und Kreditwesens lässt sich der Ursprung dieser gesetzgeberischen Tendenzen erklären. In Wahrheit bedeutete die Ausbildung dieses

---

1) Derselben Ansicht Gneist S. 269 ff. Er erklärt wohl mit Recht das in l. 1 C. 8, 32 fehlende adseris für interpoliert. Betreffs der Worte intentio dati pignoris nec numeratae pecuniae scheint es geratener, bei der alten Erklärung von Cujaz zu bleiben und an die intentio der Klage des Pfandgläubigers zu denken. Das nam auf probaturus es zu beziehen und ein: „Das musst Du beweisen“ in die Übersetzung einzuschieben, erscheint etwas zu gewaltsam.

2) Windsch. II § 372 A. 1.

3) Pernice a. a. O. S. 282, 285 f.; vgl. aber 284.

4) Hierfür führt man auch eine Stelle aus dem codex Hermogenianus an Gneist S. 15. A. M. Bähr (Anh. IX) S. 276.

5) Gneist S. 14 ff.

Rechtsmittels, wie sie sich im Laufe des 3. Jahrhunderts gestaltete, den Ruin des Urkundenbeweises. Erst im 6. Jahrhundert suchte man den hieraus entstandenen Übelständen wieder abzuhelfen. In l. 13 C. h. t. schrieb Justinus ganz generell die Unanfechtbarkeit des urkundlichen Schuldbekenntnisses vor: generaliter sancimus, ut si quid scriptis cautum fuerit pro quibuscumque pecuniis ex antecedente causa descendentibus eamque causam specialiter promissor edixerit, non iam ei licentia sit, causae probationes stipulatorem exigere. [1]) Die Konstitution passt nicht recht in den von der Querel handelnden Titel, denn konsequent angewendet, hebt sie das ganze Institut auf. Das Empfangsbekenntnis der Darlehnsvaluta fällt doch gewiss unter die specialiter in der cautio anzugebenden causae. Das Gesetz ist aber wohl kaum in vollem Umfange zur Geltung gekommen.

Justinian, der sich oft über die litigatores beklagt, die sich ihren Verpflichtungen zu entziehen suchen [2]), hat wieder eine gewisse Waffengleichheit zwischen Gläubiger und Schuldner geschaffen; gleichzeitig gab er in der öffentlichen Urkunde und in der Durchführung der Urkundeneditionspflicht einen Ersatz für die mangelnde Beweiskraft der privaten Schuldbekenntnisse. Für die Anfechtung der letzteren gab er eine Reihe reformierender Vorschriften; er schränkte die querela n. n. p. gegen Schuldscheine in Umfang und Dauer ein, dehnte sie auf Quittungen aus, gab beiden Arten von aussergerichtlichen Geständnissen nach Ablauf der Frist volle Beweiskraft und bestrafte die dolose Anfechtung mit der Verurteilung auf das doppelte des Empfangenen.

Für Anfechtung von Quittungen gilt nach justinianischem Rechte folgendes [3]): Die querela n. n. p. ist gegen securitates zulässig innerhalb einer Frist von 30 Tagen nach der Ausstellung

---

[1]) Die l. 13 spricht freilich auch nur von Stipulationsurkunden. Aber schon längst war die Stipulation zur blossen Formel geworden. Die l. 13 ist wahrscheinlich ganz allgemein zu fassen und bezweckt eine Wiederherstellung des Urkundenbeweises. In ihrer Entstehung ist sie ganz unabhängig von der später aus ihr interpolierten l. 25 § 4 D. 22, 3. Anders nach gemeinem Recht im Zusammenhange der justinianischen Kompilation. Hier legt man die l. 13 cit. wohl mit Recht aus als eine Unzulässigkeitserklärung der Querel gegen Darlehnsurkunden, welche ergeben, dass das Darlehn durch Novation aus einer älteren Schuld entstanden sei.

[2]) Z. B. l. 18 C. de test 4, 20; l. 19 C. de fide instr. 4, 21.

[3]) Beruhend hauptsächlich auf l. 14 C. h. t.

(expositio). [1]) Diese Frist ist nicht Verjährungsfrist eines Anspruchs, sondern zeitliche Begrenzung eines Rechtsmittels (ähnlich den civilprozessualischen Notfristen). Die Anfechtung richtet sich gegen alle Empfangsbescheinigungen einer geschuldeten Leistung. Irgendwelche Einschränkungen zu machen verbieten die Worte Justinians: vel si qua alterius cuiuscumqne contractus gratia.. securitas data sit. Es liegt kein Grund vor, sie mit Gneist (S. 30 f.) auf Quittungen über Bezahlung von urkundlich gesicherten Forderungen darum zu beschränken, weil der Kaiser ausdrücklich hervorhebt, dass die Quittung auch bei Rückgabe des Schuldscheines anfechtbar sein solle. Die Absicht Justinians ist, dass die Querel gleichmässig gegen alle schuldaufhebenden wie schuldbegründenden [2]) Empfangsbekenntnisse stattfinden solle. Mit Recht giebt Gneist selbst zu, „dass ein überzeugender Grund für diese Beschränkung schwer zu finden sein möge“ (S. 32); aber sie geht auch aus der Constitution nicht hervor.

Zwei Arten von Quittungen sollen nach Justinian unanfechtbar sein (l. 14 § 1 C. h. t.): einmal die Quittungen über den Empfang der in den Dotalinstrumenten versprochenen Mitgift. Nach l. 3 C. de dote cau. et n. n. war die querela auch zugelassen gegen die in den Dotalinstrumenten enthaltenen Bekenntnisse über den Empfang einer dos; das war gerechtfertigt, weil die Dotalinstrumente gewöhnlich vor dem Empfange der dos ausgestellt wurden (Gneist S. 33 f.); eine nach Unterzeichnung des Dotalinstruments ausgestellte Quittung sollte nicht wiederum der Anfechtung unterliegen. Zweitens sind unanfechtbar die apochae publicarum functionum, die Quittungen über Zahlung öffentlicher Abgaben. [3]) Nicht hierzu gehören amtliche Quittungen über den Empfang der dem Fiskus aus Kontraktsverhältnissen geschuldeten Leistungen. [4]) Jedoch sollen nach l. 2 C. de quadr. praescr. die Quittungen der Behörden über den Empfang von Kaufgeldern für Fiskalsachen vollen Beweis liefern. Dagegen waren zwar die Schuldverschreibungen, nicht aber die Quittungen,

[1]) Falls Ausstellung und Aushändigung zeitlich auseinanderfallen, entscheidet selbstverständlich die letztere. Eine andere Auslegung würde zu Widersinn führen. Freilich bedeutet expositio nicht die Aushändigung.

[2]) Freilich ist der Geltungsbereich der Querel sehr bestritten; vgl. z. B. Gneist S. 286 ff., S. 303; Windsch. II § 372.

[3]) Diese waren schon früher sofort beweisend l. 2 C. de apoch. 10, 22.

[4]) A. M. Unterholzner II § 36 IV B.

die den argentarii ausgestellt waren, mit der querela n. n. p. nicht anfechtbar. [1])

Die Anfechtung einer Quittung ist im Prozesse natürlich in zwei Formen denkbar: angriffs- und verteidigungsweise. Das ist beim Schuldschein ebenso; aber man verstand unter querela oder exceptio n. n. p. im vorjustinianischen Recht gewöhnlich den häufigsten Anwendungsfall der Querel, dass der Beklagte erwiderte, das ihm angeblich geliehene Geld nicht erhalten zu haben. Diese Erwiderung war weder eine exceptio noch zunächst eine Anfechtung des Schuldscheines, sondern Bestreiten der klägerischen Behauptung und nur, weil und soweit zugleich mit dieser ein Abwehrmittel gegen den Schuldschein geltend gemacht wurde, wurde diese Erklärung als exceptio bezeichnet. Das „non numeratam esse pecuniam" ist auch keine Einrede im Sinne des heutigen und des gemeinen Prozesses, weil nicht ein Behaupten einer dem klägerischen Anspruch entgegenstehenden Thatsache, sondern es ist Leugnen einer notwendig zum Klagefundament gehörenden Thatsache, sogenannte negative Litiskontestation. [2]) Es ist deshalb ganz richtig, das Wesen der von den Kaisern eingeführten Neuerung in das Beweisbenefizium zu setzen, und als dessen Geltendmachung würde die Einrede besser den Namen exceptio cautionis adhuc non valentis tragen.

Hat der Gläubiger die Quittung aus der Hand gegeben, ohne Zahlung empfangen zu haben, so kann er entweder mit der Kontraktsklage auf Zahlung des Geldes klagen, und wenn sich der Schuldner zum Beweise der Zahlung auf die Quittung beruft, hiergegen deren Beweisunfähigkeit geltend machen (also scheinbar eine Replik, in Wirklichkeit auch eine Beweiseinrede). Oder er kann nach l. 7 C. h. t., l. 4 C. de cond. ex lege 4, 9 mit der condictio causa data causa non secuta die Quittung zurückfordern. Das dritte Rechtsmittel, das gewöhnlich erwähnt wird, die von

---

[1]) Nov. 136 i. 6. Auch in dem Ed. VII c. 2 wird von Quittungen noch nicht gesprochen. Erst das ed. IX c. 2 bestimmt, dass, wer sich auf die Schuldscheine eines argentarius berufe, auch die von diesem in seine Bücher eingetragenen Auslagen (also auch seine in den Büchern befindlichen Quittungen) nicht anfechten dürfe. Übrigens sind die Edikte nicht rezipiert, auch nov. 136 nicht glossiert.

[2]) Für eine echte exceptio erklären sie Liebe § 31 A. 6; Salpius S. 318 ff.; Wetzell § 22 A. 26; Unterholzner § 36; Puchta, Vorlesungen zu § 305; Baron § 209 1a u. a. m.

Justinian in l. 14 §§ 4, 5 C. h. t. eingeführte Protestation hat eine andere Bedeutung; sie dient nicht der Geltendmachung des zugrundeliegenden Rechts, sondern nur der Erhaltung des Beweisbenefiziums; sie ist eine Rechtsverwahrung, die den Ablauf der 30 tägigen Frist hemmt. Formell erfolgt sie durch Zustellung eines Schriftsatzes an den Gegner gemäss l. 14 §§ 4 sqq. cit., die wohl aus l. 2 § 1 C. de ann. exc. 7, 40 (vgl. auch Nov. 100 c. 1) zu ergänzen ist.

Läuft die Frist unbenutzt ab [1]), so ist die Quittung unanfechtbar. Diese praesumtio juris et de jure lässt sich für das justinianische Recht sowohl für den Schuldschein wie für die Quittung garnicht bestreiten [2]) und bildet so wenigstens ein gewisses Gegengewicht gegen die absolut voraussetzungslose Anfechtbarkeit während der Frist.

Die Quittung wird voll beweiskräftig durch spätere Anerkennung ihrer Richtigkeit, sei es ausdrücklich, sei es stillschweigend erklärte, letzteres z. B. durch Zahlung eines Teils der Schuld. Eine solche Anerkennung liegt auch in dem nachträglichen Verzicht auf die Querel. Dass der Verzicht in der Urkunde selbst die Anfechtung ausschlösse, ist in den Quellen nirgends gesagt; für das Gegenteil spricht auch l. 16 C. h. t., die eine eidliche Bestärkung des Empfangsbekenntnisses in der Urkunde selbst für unwirksam erklärt.

Die Anfechtung des Schuldscheines steht jedem Rechtsnachfolger, auch den Konkursgläubigern des Ausstellers (l. 15 C. h. t.) und dem Bürgen (l. 6 ib.) zu. [3]) Konsequenterweise wird man die Anfechtung der Quittung auch dem Korrealgläubiger u. s. w. gestatten müssen.

---

1) Restitution gegen den Ablauf nach l. 14 pr.; die speciales leges hierüber sind uns nicht erhalten. Vermutlich sollen hier aber dieselben Regeln wie bei der Klagenverjährung (l. 3 C. de quadr. praescr. 7, 39 gelten. Über die Frage äussern sich nur Mühlenbruch II § 376, A. 5; Unterholzner § 37 B. b. und Schweppe III § 452.

2) Vgl. besonders l. 8 C. h. t. l. 14. § 2 i. f. ib. § un. I. de litt. obl. 3, 21; Gneist S. 89 ff. Doch ist die Frage sehr bestritten. A. M. Schweppe III § 452 N. 2; Sintenis II § 96 A. 45; Unterholzner 37, 3, 9; Puchta § 305; Vorles. § 287 a. E., § 305; Brinz II S. 426 ff. — Puchta macht geltend, dass dann die Quittung ja weder vorher, noch nachher Beweismittel sei. Das ist richtig, kann aber an den Thatsachen nichts ändern.

3) Nicht dem Schuldübernehmer l. 6 ib., weil in der Schuldübernahme eine Anerkennug liegt.

Dass das Institut der querela in Deutschland rezipiert worden ist [1]), wird kaum ernstlich bestritten [2]) und durch eine überreiche Judikatur bezeugt. [3]) Aber die Praxis suchte das dem Rechtsbewusstsein des Volkes unsympatische Rechtsmittel nach Möglichkeit einzuschränken. Die Ausschliessung der Querel wurde begünstigt; sie erfolgte am häufigsten durch ein zweites Empfangsbekenntnis, die sog. confessio geminata [4]), auch durch Zinszahlung. [5]) Die Anfechtung wurde nicht zugelassen, wenn die Darlehnsschuld erwiesenermassen auf einem älteren Kontrakte beruhte oder wenn in dem Schuldschein ein Anerkennungsvertrag gefunden wurde [6]), insbesondere nicht gegenüber einer Abrechnung. [7]) Die Zulässigkeit im Exekutivprozesse war zweifelhaft. [8]) Die wichtigste und zweifelloseste Änderung war die Zulässigkeit des Gegenbeweises auch nach Ablauf der zweijährigen, bezw. dreissigtägigen Frist. [9])

[1]) Aber nur gegen Darlehnsschuldscheine und Quittungen. Nicht gegen Wechsel: JRA. § 207 und Reichsschluss von 1671 § 5; vgl. Ludw. Goldschmidt in Jahrb. f. Dogm. 24 S. 125. — Die poena für den Fall frivolen Bestreitens ist nicht rezipiert. A. M. scheint zu sein Glück VI § 501 n. 61. (Vgl. übrigens ALR. I 11 §§ 740 ff.; AGO. I 23 §§ 53 f.)

[2]) Zweifelnd nur Keller § 290, aber mehr de lege ferenda. Zur Geschichte der Rezeption s. Stobbe, Priv.-R. § 190 A. 4, 5. Bähr S. 218 ff. Zur Geschichte der qu. n. n. p. im Mittelalter s. Goldschmidt, Univers. des HR. 306 ff.; Endemann in Z. f. H. R. V, S. 395 ff.

[3]) Z. B. in den ersten 20 Bd. von Seufferts Archiv 1, 335. 2, 34. 5, 152. 275. 276. 6, 26. 8, 250. 9, 148. 10, 38. 251. 254. 11, 292. 12, 262. 14, 17. 59. 163. 15, 158. 16, 107. 17, 28. 180. 19, 26. 225. 20, 125.

[4]) ib. 10, 254. 17, 28.

[5]) ib. 9, 148. 10, 251. — Doch hielt man daran fest, dass ein in der Urkunde selbst enthaltener Verzicht auf die Querel unwirksam sei (ib. 5, 275. 6, 26. 10, 38. 12, 262, dagegen Puchta, Vorl. § 305; Mühlenbruch II § 376, A. 8), ebenso ein Verzicht vor Ausstellung der Urkunde (Seuff. 9, 125).

[6]) ib. 26, 121. 29, 228. 31, 132 z. B. wenn in der Urkunde ein bestimmter früherer Tag als Empfangstag aufgeführt war (Seuff. 45, 10; Arndts § 281, Nr. 2b; Gneist S. 292; Unterholzner II § 224, Nr. 4).

[7]) Seuff. 14, 17. 27, 222. — Die apochae publicarum functionum waren zu apochae publicae geworden (Holzschuher III § 227, Nr. 11; dagegen vgl. für die Schuldscheine Seuff. 2, 34, 10, 38.

[8]) Dafür Linde Prozess § 362 Nr. 5; Göschen II 478; Holzschuher III § 264 Nr. 6; Heise, H. R. § 137; vgl. jedoch §§ 917, 922, 1078, 1242 ALR. II 8.

[9]) Seuff. 16, 107. 17, 180. 20, 125. 25, 125. 22, 87. 26, 122, 127. 27, 26. Stobbe III § 190 A. 7; Suarez, Schlussvorträge S. 53. ROHG. 4 S. 396 spricht von einer „nahezu einstimmigen Praxis". Jedoch soll die Praxis in Hessen, Sachsen, Hamburg, Lübeck, Frankfurt den Gegenbeweis ausgeschlossen haben: Ludw. Goldschmidt a. a. O. S. 124 f. Das trifft für Kurhessen nicht zu (cf. Bähr, Beurteilung des Entwurfs S. 40), für Sachsen s. das Urteil bei Bähr in Jahrb. f. Dogm. Bd. 2 S. 357 f.

Man unterschied jetzt zwischen exceptio privilegiata und non privilegiata, je nachdem die Beweislast den Inhaber der Urkunde traf oder nicht. Eine andere Richtung schloss nach Ablauf der Frist die eigentliche exceptio n. n. p. aus, liess aber die Anfechtung der Urkunde mit anderen Rechtsmitteln, z. B. der exceptio doli specialis zu. [1]) Eideszuschiebung nach Ablauf der Frist galt gemäss l. 14 § 3 C. h. t. für unzulässig. [2])

Auf Grund der von Justinian in § un. I. de litt. obl. 3, 21 zwischen dem alten Litteralkontrakte und dem (durch Ablauf der Frist) unanfechtbar gewordenen Empfangsbekenntnisse gezogenen Analogie ist die herrschende Lehre von der querela n. n. p. vielfach schon früher, ganz besonders aber seit der Mitte des Jahrhunderts angegriffen und der Versuch gemacht worden, die exceptio n. n. p. als echte Einrede gegen die formale Verpflichtung aus dem Schuldscheine zu erweisen. Diese Konstruktionen können erst in anderem Zusammenhange gewürdigt werden.

V. Im heutigen Rechte ist die querela n. n. p. beseitigt; fast alle neueren Gesetzbücher haben das unbequeme und für den Verkehr lästige Institut aufgehoben. So ein hannöversches Justizreglement von 1718 [3]), ein bayerisches Gesetz vom 26. März 1859 [4]), ebenso das französische, österreichische und sächsische Gesetzbuch. [5])

Das preusische Landrecht steht auf demselben Standpunkte, hat aber von den beiden Seiten der querela n. n. p., der Beschränkung der Beweiskraft und der Ausschliessung des Gegenbeweises, jede doch noch in gewisser Weise berücksichtigt.

Nach § 104 ALR. I 16 beweist die Quittung sofort, andererseits ist stets der Gegenbeweis zulässig (§ 105). Aber der Inhaber einer länger als drei Monate unangefochten gebliebenen Quittung sollte „in Ermangelung einer vollständigen Aufklärung

---

1) Seuff. 8, 250. 5, 152. 276. 17, 180. 20, 125.

2) ib. 31, 188. Anders in Kurhessen; vgl. 17, 180. 20, 125 u. Entsch. d. ROHG. 4 S. 397.

3) Gneist S. 110 A. 8.

4) Gruchot, Zahlung S. 200 A. 36.

5) Ergänzungen bei Ludw. Goldschmidt a. a. O. S. 125 f.; Stobbe III § 190 A. 10, Motive zum Entwurf der CPO. von 1872 S. 634; Ausnahmen bei Gruchot S. 198 A. 32; Bähr S. 203 A. 5 (Kurhess. Gesetz vom 20. Dez. 1840); in beschränkter Weise wurde die Querel auch aufrecht erhalten in den oldenburgischen Prozessgesetzen vom 18. März 1824 und 2. Nov. 1857: Seuff. 45, 10.

der Thatsache" eher zum Reinigungs- als der Aussteller zum Erfüllungseide zugelassen werden (§ 106), auch war nach Ablauf dieser Frist Eideszuschiebung an die Erben des Schuldners nicht zulässig. [1]) Diese Vorschriften betrafen nur Quittungen, nicht Schuldscheine. [2]) Doch waren sie insofern nicht bindend, als trotz § 106 cit. nach feststehender Praxis auch der Aussteller zum Erfüllungseide zugelassen wurde. [3]) Als reine Prozessregeln sind diese Vorschriften schon durch § 14 Abs. 1, jedenfalls aber § 14 Abs. 2 Nr. 2 und 3 ECPO. aufgehoben.

Andererseits finden sich mehrfach Beschränkungen der Beweiskraft. Nach § 260 ALR. II 1 sollte im Konkurse des Ehemanns die Frau, die ihren Dotalanspruch gegenüber den Gläubigern geltend macht, für die geschehene Einbringung stärkeren Beweis beibringen als die einfache Quittung ihres Ehemannes. [4]) Dies hob die preussische Konkursordnung auf. [5]) Nach § 2114 ALR. II 8 soll gegen den Versicherer die in der Police selbst enthaltene Quittung über den Empfang der Prämie nicht beweisen. Diese Beweisregel wurde bereits durch das Handelsgesetzbuch beseitigt. [6])

---

[1]) Vgl. hierüber Suarez Schlussvortr. S. 53; Bornemann III § 230 A. 1. Über die Anwendung Gruchot in seinen Beitr. VII S. 8ff. — Ähnlich schloss der Codex Maximilianeus nach 30 Tagen Gegenbeweis durch Mutmassungen und Eidesdelation aus (vgl. Gruchot, Zahlung S. 198).

[2]) Strieth., Arch. 59 S. 110. Aber vgl. die viel schärfere Bestimmung des § 738 ALR. I 11.

[3]) Rehbein, Entsch. d. OTr. III S. 24 A.; Strieth. 59 S. 110 u. 71 S. 26; Rönne, Ergänz. u. Erläut. II zu § cit.

[4]) Die Vorschrift wurde der Praxis unbequem. Das OTr. beschränkte sie durch Präj. vom 29. V. 1842 (Entsch. 9 S. 464) auf die ausdrückliche Illation; wenn die Frau auf ihre Konkursvorrechte verzichtete und als einfache Dotalgläubigerin auftrat, sollte die Quittung beweisen. Gegen diese Entsch. mit guten Gründen Koch, Komm. zu § cit.

[5]) Die KO. vom 8. Mai 1855 bestimmte in § 103 Nr. 5, dass Quittungen, Anerkenntnisse und Zugeständnisse" des Gemeinschuldners gegenüber seinem Ehegatten ohne Beschränkung der Anfechtung unterliegen sollten. Diese Vorschrift bezog sich jedoch, wie § 111 ib. ergiebt, nicht auf die vom Richter gemäss §§ 104 ff. ALR. I 16 zu würdigende Beweiskraft. Vgl. auch § 7 Nr. 5 und § 17 des Anfechtungsgesetzes vom 8. Mai 1855. Die AGO. bestimmte in § 38 I 50, dass Quittung nicht genüge zum Beweise von irrtümlich nach der Konkurseröffnung an den Gemeinschuldner geleisteter Zahlungen.

[6]) Aufgehoben durch a. 295 HGB. A. M. Koch, Komm., der noch in der 5. Aufl. (1876) den § 2114 als geltend aufführt, ebenso Dernburg, Preuss. Pr. II § 235 A. 5. Aber die Versicherung gegen Prämie ist stets Handelsgeschäft.

Dieses führte für das gesamte Gebiet des Handelsrechts die freie Beweiswürdigung der Quittung und des Schuldscheines ein. „Die Beweiskraft eines Schuldscheins oder einer Quittung ist an den Ablauf einer Zeitfrist nicht gebunden“ (a. 295). Dass der Gegenbeweis auch nach Ablauf der Fristen für die querela n. n. p. unbeschränkt zulässig sei, wurde nicht gesetzlich bestimmt, die Aufnahme eines dahingehenden Zusatzes vielmehr in 1. und 2. Lesung abgelehnt. Man nahm an, dass sich diese Folge aus dem Wortlaute des Artikels von selbst ergebe. Dies ist jedoch nicht der Fall. [1])

Die definitive Aufhebung der Querel für das bürgerliche Recht [2]) erfolgte durch den mit a. 295 HGB. gleichlautenden § 17 ECPO. [3]) Die Beschränkungen des Gegenbeweises sind aufgehoben durch § 14 Abs. 2 ib. Dagegen müsste die Ausschliessung des Gegenbeweises als eine praesumtio iuris et de iure gemäss § 16 Abs. 1 als weitergeltend angesehen werden. [4]) Sie ist jedoch, wie oben erwähnt, nicht rezipiert.

Der § 17 fügt in seinem zweiten Absatz einen Vorbehalt hinzu betreffs der „zur Eintragung in das Grund- oder Hypothekenbuch bestimmten Schuldurkunden“, soweit die Verfolgung

---

[1]) Protok. S. 425, 1320. Vgl. unten Anm. 4.

[2]) Jedoch nur im Anwendungsgebiete der CPO. — Beispielsweise hatte schon das EHGB. für Hamburg vom 22. XII. 1865 § 34 ausdrücklich alle Beschränkungen des Gegenbeweises aufgehoben; doch sollte der Aussteller des Schuldscheins zunächst die Schuld entrichten und auf die Rückforderung verwiesen werden (solve et repete). Vgl. EHGB. für Thüringen § 22, Anhalt § 23.

[3]) Ebenso die hannöversche PO. § 342 (Seuff. 10, 38). Der preuss. Entw. v. 1864 hatte die Beweisregeln des bürgerlichen Rechts unberührt gelassen § 437. Die Entwürfe von 1871 und 1872 brachten die Vorschrift unter den Regeln vom Urkundenbeweise (§ 353 resp. 565). cf. Struckmann-Koch ad § cit.

[4]) Der § 17 gilt auch für Dotalinstrumente; Mandry, Civilrechtl. Inh. S. 314. A. M. Windscheid in d. 5. Aufl. II § 504 A. 9. — Betreffs der Ausschliessung des Gegenbeweises ist die herrschende Lehre anderer Ansicht: vgl. Wilmovsky-Levy, Seuffert, Struckmann-Koch (hier mehr Litt.) ad § 17; Cohn in Endem. Handb. III S. 852; Windscheid II § 344 u. 372 A. 16; Pfaff-Hofmann bei Arndt § 281; Dernburg II § 87 N. 9 a. E.; Goldschmidt in Jahrb. f. Dogm. 24 S. 34 ff. Aber der stets angeführte Grund, dass die unbeschränkte Beweiskraft nur das Korrelat, die „Kehrseite“ der früheren Beweisuntüchtigkeit sei, ist nicht entscheidend. Die Quellen sprechen diesen Satz nirgends aus. Und cessante ratione legis non cessat lex ipsa. Jedenfalls ist das derogatorische Gesetz strikt zu interpretieren. Der hier vertretenen Ansicht noch Stobbe III § 190 S. 295; Hahn und Staub., Komm. zu a. 295 HGB.

des dinglichen Rechtes in Frage komme. Einen entsprechenden Vorbehalt enthalten auch die Einführungsgesetze zum HGB. für Preussen [1]) und für den norddeutschen Bund. [2]) Für Preussen haben diese Bestimmungen ihre Bedeutung inzwischen verloren. [3]) Doch wird erst der Entwurf, wenn er Giltigkeit erlangt haben wird, die letzten Spuren [4]) der querela n. n. p. in Deutschland beseitigen. [5])

VI. Wir haben bereits gesehen, wie die Beschränkung der Beweiskraft der Quittung auf der anderen Seite wettgemacht wurde durch Präsumtionen, die ihre natürliche Beweiskraft bedeutend erhöhten. Auch sonst ist vielfach durch positive Rechtsvorschrift eine solche Bindung der richterlichen Beweiswürdigung hinsichtlich der Quittung angeordnet worden. Aus dem römischen Rechte stammt freilich nur eine dieser Präsumtionen. Im Jahre 456 verordnete Kaiser Marcian, dass jeder steuerpflichtige Unterthan mit der Vorlegung der Steuerquittungen von drei aufeinanderfolgenden Jahren sich von der Beweislast für die Zahlung der Steuern für die früheren Jahre befreien kann, falls nicht irgend einer der Verwaltungsbeamten (der Kaiser zählt sechs Klassen auf; es sind sämtlich Subalternbeamte) durch einen Revers oder sonst in evidenter Weise die Nichtzahlung der früheren Raten darthun kann (l. 3 C. de apoch. 10, 22). Aus dieser ganz singulären und verwaltungsrechtlichen Vorschrift hat sich der Rechtssatz entwickelt, dass bei allen in bestimmten Terminen wiederkehrenden Leistungen die Quittungen der letzten drei Jahre eine Rechtsvermutung für die Erfüllung der älteren Verpflichtungen begründen. [6]) Streitig ist, ob auch die Quittungen für drei kürzere

---

1) a. 26.

2) § 3 Abs. 5.

3) In Preussen galt die querela n. n. p., modifiziert und mit 38 tägiger Frist, für Schuldurkunden, die in das Hypothekenbuch eingetragen werden sollten; vgl. die strengen Vorschriften über die Prüfung löschungsfähiger Quittungen in d. Hypoth.-Ordn. v. 1783 §§ 246, 252. Die Aufhebung erfolgte durch das Eigt.-erw.-Ges. v. 5. Mai 72 §§ 38, 49. Aufgehoben ist auch die eigenartige Verjährung der Beweiskraft eines Schuldscheins in §§ 752 ff. ALR. I 11.

4) Bayern Ges. v. 26. März 1859 § 2. Sachsen u. Württemberg vgl. Motive III zu § 1085.

5) E. I § 1085, E. II § 1047. Vgl. dagegen Bähr (3. Aufl.) S. 254 f.; Arndts u. Bluntschli bei Gruchot, Zahlung S. 202 f.

6) Vgl. Windscheid II § 344 Nr. 3; Sintenis II § 103 A. 93; Holzschuher III § 227 Nr. 15; Wening-Ingenheim II § 245 (111) l.; Unterholzner § 224 II;

Fristen zur Begründung der Präsumtion genügen [1]), ob nur Quittungen oder auch andere Beweismittel für die Zahlung zuzulassen sind, ob der Gegenbeweis nur durch Urkunden geführt werden darf, ob die verschiedenen Quittungen zu verschiedenen Zeiten erteilt sein müssen (diversitas actuum). Man wird sich in allen Fällen zu strikter Auslegung der Konstitution bequemen müssen; eine extensive Interpretation ist gewohnheitsrechtlich nicht zu erweisen [2]) und auch nicht zu rechtfertigen. [3]) Die Rechtsvermutung ist aufrecht erhalten durch § 16 Nr. 1 ECPO., der Gegenbeweis jedoch nicht mehr auf Urkunden beschränkt. (ib. § 14 Abs. 2 Nr. 2.) [4])

Das preussische Recht hat in den §§ 133 ff. ALR. I 16 diese Rechtsvermutung übernommen, jedoch ihre Voraussetzungen sehr gemildert, entsprechend der herrschenden Lehre jener Zeit. [5]) Die Vermutung findet bei allen terminlichen Zahlungen und Leistungen statt [6]) und wird schon durch zwei Quittungen, die auch durch jedes andere Beweismittel ersetzt werden können, begründet. Ausdrücklich wird die selbstverständliche Voraussetzung der vorbehaltlosen Annahme durch den Gläubiger ausgesprochen. [7]) Der wirklichen Zahlung stehen Erlass und Kompensation, wenn kein Vorbehalt gemacht wurde, gleich (§ 134) [8]); damit hängt

---

Arndts § 281 A. 3; Keller § 270; Puchta § 287; Baron § 263; Koch, Komm. zu § 133 ALR. I 16; Forderungen I S. 130 f., II S. 656 f. (hier ältere Litt.); Bornemann III § 230, 5a; Bülow, Abhandl. II S. 192 ff.; Gesterding im Arch. f. civ. Pr. 4 S. 9 ff. (hier Litt.); Gruchot, Zahlung S. 213 ff.; Dilloo S. 32. — Von älteren besonders Leyser, meditt. VII sp. 530 m 8—12.

1) Gewöhnlich berief man sich hierfür auf das Argument a maiori ad minus Seuff., Arch. I 334.

2) vgl. Windscheid, Sintenis, Unterholzner, Bülow, Gesterding a. a. O. — Anders in der sächsischen Praxis.

3) Sintenis a. a. O. Aus l. 26 D. de prob. 22, 3 lässt sich höchstens eine faktische Vermutung gewinnen.

4) Die Geltung der Präsumtion überhaupt bestreiten, jedoch mit Unrecht, Sintenis, Wening-Ingenheim, Koch, Unterholzner, Gesterding a. a. O.

5) Suarez, Schlussvortr. S. 53; vgl. Koch zu §§ citt. u. Forderungen I S. 650 f., der nachweist, dass die einzelnen Bestimmungen aus Leyser meditt. stammen, auch Entsch. d. OTr. 65 S. 119.

6) Anders Koch, Komm. a. a. O. Anm. 86.

7) Mit Unrecht legt das OTr. (Entsch. 65 S. 119) dem Schuldner den Beweis der vorbehaltlosen Annahme auf; für die Vorbehaltlosigkeit der Annahme spricht doch die Vermutung; vgl. Bornemann III S. 325.

8) Nach Koch A. 89 zu § cit. noch zu erweitern.

zusammen, dass die wirklich gezahlte Summe mit der in der Quittung genannten nicht übereinzustimmen braucht (§ 135). [1]) Das Erfordernis der diversitas actuum ist gegen Leyser aufgenommen (§ 136). Die Rechtsvermutung fällt weg, wenn die Quittungen nicht über unmittelbar aufeinander folgende Leistungen ausgestellt sind (§ 137 f.); doch findet auch hier eine faktische Vermutung statt, die durch Reinigungs- oder Erfüllungseid zur Gewissheit zu bringen ist. [2])

Die gemeinrechtlichen Bestimmungen sind ziemlich unverändert übergegangen in das sächsische Gesetzbuch (§ 965); auch hier wird vorbehaltlose Annahme gefordert, aber der Schuldner in der Wahl der Beweismittel nicht beschränkt. Nach österreichischem Recht genügt eine einzige Quittung. [3])

Allerdings war schon für das gemeine Recht behauptet worden, dass die Quittung über eine Zinszahlung eine praesumtio facti für die Entrichtung der früheren Zinsschulden erzeuge [4]), mehrfach wurde sogar eine Rechtsvermutung hierfür behauptet. [5]) Das Landrecht hat diese letztere Lehre angenommen, jedoch unter Beschränkung auf Darlehnszinsen (§ 842 ALR I 11). [6]) Zur Zerstörung der Rechtsvermutung genügt mündlicher Vorbehalt des Gläubigers. [7])

Hiermit hängt die Rechtsvermutung des § 843 ALR. I 11 zusammen, dass bei vorbehaltloser Quittung über das Kapital [8])

---

1) Vgl. dazu § 142 ib.

2) Diese Vorschriften sind aufgehoben durch § 14 Nr. 3 ECPO; im übrigen gilt die Rechtsvermutung weiter.

3) § 1429 BGB. Ebenso Schweiz. Obl.-BG. a. 103. Über andere Gesetzgebungen und Entwürfe s. Gruchot, Zahlung S. 215, zur Kritik ib. S. 216.

4) Dernburg, Preuss. Pr. II § 35 A. 12.

5) Holzschuher III § 216 Nr. 2; Leyser a. a. O. m. 16; Sintenis II § 103 A. 93 ib.

6) Über die Motive s. die Bemerkungen der Gesetzrevisoren in Rönne Ergänz. I S. 650.

7) Strieth. 91 S. 237. Aber auch Annahme einer dahingehenden Erklärung des Schuldners durch den Gläubiger. So für §§ 842, 843. OTr. in Entsch. 4 S. 336. Die Quittung des späteren Gläubigers kann dem früheren nicht präjudizieren (Kammerger. b. Bornemann III S. 179), ebensowenig die Quittung des Gerichtsvollziehers, was auch für § 843 gilt (Förster Eccius I § 68 A. 53; Rehbein, Entsch. d. OTr. II S. 351 A).

8) Nicht über Abschlagszahlungen (OTr. in Ergänz. u. Erl. 5. Aufl. XIII. S. 103).

auch die Zinsen für bezahlt oder erlassen zu erachten sind. [1]) Hier ist die Rechtsvermutung zur Fiktion gesteigert. Eine Rechtsvermutung ist freilich auch in dieser Fiktion enthalten, aber keine praesumtio iuris et de iure; der Gegenbeweis ist in seinem Inhalte, nicht in der Wahl der Beweismittel beschränkt. [2])

Noch weiter geht das preussische Recht in den Bestimmungen der §§ 147, 148 ALR. I 16: Kaufleute, Apotheker, Handwerker und alle mit ihren Schuldnern in einem regelmässigen Rechnungs- und Auseinandersetzungsverhältnis stehenden Gläubiger verlieren durch vorbehaltlose Quittung über die letzte Jahresschlussrechnung die aus früheren Jahren noch unberichtigt gebliebenen Forderungen. Auch hier ist wohl eine Fiktion aufgestellt; zweifelhaft ist es, wieweit auch eine Rechtsvermutung darin enthalten ist. [3]) Auch Abrechnung für eine kürzere Frist als ein Jahr soll nach der Praxis genügen (Striethorst, Arch. 60 S. 359).

Das österreichische Gesetzbuch giebt keine bestimmte Frist an, beschränkt die Präsumtion aber auf Quittungen von Handels- und Gewerbetreibenden (§ 1430). [4])

---

[1]) Nicht bloss Darlehns-, sondern alle rückständigen Zinsen § 868 ALR. I 11. Ausgenommen sind die vom Richter zuerkannten Verzugszinsen (§ 844 ib.); die vom Richter nicht zuerkannten können nach der Quittierung überhaupt nicht mehr gefordert werden (§ 845).

[2]) Diese Sätze sind enthalten in dem ausführlichen OTr.-Erkenntnis vom 4. Dezbr. 1854 (Strieth. 15 S. 561; Rehbein II S. 344), wo auch die streitige Gesetzesstelle in den Abschnitt „Präsumtionen aus Quittungen" verwiesen wird. Der einfache Beweis der Negative genügt nicht; das Gesetz präsumiert entweder Zahlung oder einen Vertrag. Der Gegenbeweis muss auf einen Vorbehalt bei der Quittung gerichtet werden. (Rehbein a. a. O. S. 349.) Dem gemeinen Recht war die Präsumtion völlig unbekannt (S. 346). Vgl. über die gemeinrechtliche Kontroverse Windscheid II § 259 A. 12. — Mit dem OTr. stimmt überein Förster-Eccius I § 68 A. 53; vgl. auch Rönne, Ergänz. II ad § 843. Gegen Eccius: Dernburg II § 35 a. E. Über die Geschichte des Rechtssatzes Koch, Forder. I § 13 S. 30 ff. und Entsch. d. OTr. 11 S. 3 (Rehbein II S. 351 ff.). Über die zahlreichen Kontroversen: am besten Koch, Komm., über die Gestaltung in der Praxis Rehbein-Reincke ad § cit. Die Prämsumtion ist aufgenommen im Schweiz. Obl.-Ges. a. 103. Vgl. auch code civil art. 1908 (Zach. v. Lingenthal II § 396 A. 2); sächs. GB. § 986; österr. GB. § 1427; Gruchot, Zahlung S. 218 f.

[3]) Koch, Forderungen II S. 665. Für eine praesumtio iuris et de iure: Bornemann III § 230 i. f., für eine blosse praesumtio iuris: Dernburg II § 97 A. 13; Eccius I § 91.

[4]) Zur Kritik v. Kirchstetter, Komm. Im übrigen Gruchot, Zahlung S. 218 A. 28.

Die Generalquittung des preussischen Rechts wird an anderer Stelle Erörterung finden. [1])

Der Entwurf hat auch hier alle Rechtsvermutungen verworfen. [2])

VII. Nur anhangsweise seien noch einige Rechtsvermutungen erwähnt, die dazu dienen sollen, die fehlende Quittung zu ersetzen. Die ältere gemeinrechtliche Theorie entnahm eine solche Rechtsvermutung aus der Rückgabe der Schuldurkunde an den Schuldner [3]) und aus ihrer Zerstörung durch den Gläubiger mittelst Zerreissens oder Durchstreichens (cancellare u. dgl.). [4]) Man berief sich dafür auf eine Reihe von Quellenzeugnissen. Jedoch ist neuerdings nachgewiesen [5]) und jetzt allgemein angenommen, dass die Vermutung in dieser Form zu eng ist und sich vielmehr auf Tilgung überhaupt, auf liberatio, nicht auf solutio richten muss. [6])

In dieser Form hat auch das preussische Recht die Vermutung übernommen (§§ 97 ff. ALR. I 16). Voraussetzung ist einerseits Rückgabe des Schuldscheins oder, wenn Duplikate vorhanden sind, aller Exemplare. [7]) Der Schuldner muss die Rückgabe beweisen. Der blosse Besitz begründet für ihn nur eine Wahrscheinlichkeitsvermutung (§ 98 f.), die durch ECPO. § 14 Nr. 3 aufgehoben ist. Die gleiche Vermutung einer irgendwie [8]) erfolgten Schuldtilgung wird dadurch begründet, dass „das Instrument bei dem Gläubiger oder in dessen Nachlasse zerrissen, zerschnitten oder sonst kassiert vorgefunden" wird (§ 102); der Gegenbeweis ist darauf zu richten, dass die Zerstörung durch

1) Unten § 4.

2) In der richtigen Erwägung, dass die Präsumtionen nicht auf eine bestimmte Tilgungsart gestellt werden können. Protek. d. 1. Lesung S. 1395, 1401, 1403.

3) Manche wollten die Präsumtion schon auf den Besitz der Schuldurkunde gründen. Dagegen vgl. Sintenis II § 103 A. 91; Vermehren in Ztschr. f. Civ. u. Pr. XI S. 263.

4) Vgl. Bülow, Abhandl. II S. 160 ff.; Keller § 270; Puchta § 287.

5) Vermehren a. a. O., auch de lege ferenda S. 272 ff.; nach ihm ergiebt die cancellatio gar keine praesumtio iuris, sondern nur facti: vgl. hierüber Sintenis a. a. O.; Windscheid II § 344 A. 5; Arndts § 262 A. 4; Dernburg II § 54 A. 16; Brunner, Ztschr. f. Handelsr. Bd. 22. S. 78 A. 4 (Forschungen S. 536 A. 4); Koch, Forder. II S. 649 ff.; Unger b. Gruchot, Zahlung S. 208; Glück 21 S. 368 ff.; Seuff., Arch. 1, 202. 5, 262. 14, 18. 19, 138, 262.

6) l. 14 C. de solutt. 8, 42 ergiebt garnichts, l. 15 ib. spricht von liberatio, ebenso l. 24 D. de prob. 22, 3, l. 2 § 1 D. de pact. von einem pactum d. n. p., nur l. 83 § 3 D. furt. 47, 2 von solutio.

7) So mit Recht Koch, Forder. II S. 650 ff., Komm. A. 58 zu § cit.

8) Auch durch Erlass; vgl. Rönne, Ergänz. II ad § 102 gegen Koch.

Zufall oder gegen den Willen des Gläubigers bewirkt sei (§ 103).[1]) Wird die Urkunde zwar zerstört, aber nicht beim Gläubiger vorgefunden, so greifen die gewöhnlichen Beweisregeln Platz.[2])

Von den übrigen Gesetzbüchern ist nur die Präsumtion aufgenommen worden, dass die Rückgabe der Schuldurkunde die Zahlung beweise. Die Zerstörung der Urkunde begründet keine Rechtsvermutung.[3]) Die Rückgabe lässt nach österreichischem Recht die Zahlung (BGB. § 1228), nach sächsichem die Tilgung vermuten.[4]) Das französische Recht stellt für den Fall der Rückgabe einer privaten Schuldverschreibung die praesumtio iuris et de iure des Erlasses auf; ist die zurückgegebene Urkunde die förmliche Ausfertigung einer notariellen Schuldverschreibung, so entsteht die einfache Rechtsvermutung für Zahlung oder Erlass.[5])

Ältere Theoretiker des gemeinen Rechts wollten auch aus dem längeren Stillschweigen (diuturnum silentium) des Gläubigers[6]) eine Präsumtion für die Zahlung entnehmen.[7]) Aber diese Ansicht findet in den Quellen keine Unterstützung[8]); auch ein entsprechendes Gewohnheitsrecht lässt sich nicht nachweisen. Trotzdem wurde die Rechtsvermutung in den codex Maximilianeus aufgenommen.[9])

Der Entwurf hat auch diese Präsumtionen sämtlich verworfen.[10])

---

1) Beweis und Gegenbeweis waren gemeinrechtlich bestritten (Koch, Forder. II S. 654 f.; Förster-Eccius I § 91 A. 126).

2) Nämlich früher §§ 118 ff. AGO. I 10, § 170 ALR. 5, jetzt völlig freie Beweiswürdigung nach § 384 CPO.

3) Vgl. d. Motive zum Entw. des sächs. BGB. § 982.

4) § 982 BGB. Ausdrücklich wird die Vermutung einer bestimmten Tilgungsart hier ausgeschlossen. Ebenso im schweiz. Obl.-Ges. a. 104.

5) code ci. a. 1283. Zur Erläuterung s. Zach. v. Lingenthal II § 324 A. 9a ff. — Weitere Nachweise bei Gruchot a. a. O. S. 206 ff.

6) Durch 10 oder 20 Jahre hindurch.

7) Nachweise bei Gruchot S. 219.

8) Höchstens in l. 26 D. de prob. 22, 3; der römische Jurist verallgemeinert aber den Fall nicht.

9) Th. IV c. 14 § 13 N. 6, vgl. Gruchot S. 220. — Das preussische Recht kennt eine Verjährung der Beweiskraft des Schuldscheins §§ 753 ff. ALR. I 11; dies ist aber keine Rechtsvermutung; vgl. Suarez, Schlussvortr. S. 22, der sie allerdings für eine Präsumtion erklärt; dagegen § 755 cit. — Im österreichischen Recht existiert die Vermutung für einen einzelnen Fall (vgl. Unger in Grünh. Ztschr. 15 S. 540 A. 15). — Keine Zahlungsvermutung begründet der Mortifikationsschein; doch beweist er mittelbar auch die Tilgung.

10) Oben S. 72 A. 2.

§ 4.

Die Quittung als Dispositivurkunde.

I. Über Wesen und Wirkung des aussergerichtlichen Geständnisses und Anerkenntnisses wogt seit mehr als 40 Jahren in der deutschen Rechtslitteratur ein heftiger Streit. Seit dem ersten Erscheinen der berühmten Schrift von Bähr ist die Frage immer von neuem erörtert worden, und heute darf man sie als die wichtigste des Obligationenrechts überhaupt bezeichnen. Mit Recht betont Windscheid noch in der neuesten Auflage seines Pandektenwerkes, dass die Lehre von der Anerkennung keine fertige sei; auch das künftige deutsche Gesetzbuch wird noch keinen Abschluss bringen.

Hier kann es sich nur darum handeln, in Kürze Stellung zu nehmen zu den verschiedenen Theorien. Vorweg sei betont, dass zwischen Schuldschein und Quittung — wenigstens zunächst — bei dieser Frage kein Unterschied zu machen ist; in der Litteratur ist meistens nur der Schuldschein als Hauptbeispiel des aussergerichtlichen Geständnisses behandelt worden, aber fast alle Streitfragen betreffen ebensogut die Quittung.

Bähr sucht in seinem Hauptwerke, dessen Inhalt zu bekannt ist, als dass es einer Wiederholung bedürfte, nachzuweisen, dass im heutigen, wie auch im römischen Rechte Schuldscheine und Quittung nicht Beweismittel seien, sondern zunächst und vor allem Formalverträge, enthaltend eine bindende Anerkennung ihres Inhalts, anzuknüpfen an das römische Institut der Stipulation bezw. Acceptilation. Für das heutige Recht steht die echte Anerkennung neben dem Vergleich, Eid, Kompromiss und gerichtlichen Geständnisse. Ihre Haupterscheinungsformen sind ausser Schuldschein und Quittung Abrechnung, Kontokorrent, Saldoziehung u. dgl. Neben der echten Anerkennung steht die unechte als ein reines Beweismittel.

In seinen Beiträgen zur Kritik des Entwurfs hat Bähr neuerdings seine Lehre noch schärfer formuliert. Der Schuldschein ist ein Schuldversprechen. Die Quittung ist die vertragsmässige Erklärung der Erledigung der Schuld [1]), und an anderer Stelle: „Die Quittung ist ein negativer Anerkennungsvertrag, nicht bloss hier und da, unter Umständen, sondern stets und immerdar. Sie

[1]) Arch. f. bürgerl. R. 2 S. 105.

ist heute der negative Anerkennungsvertrag κατ' ἐξοχήν. [1]) In Konsequenz dieser Theorie schlägt Bähr vor, in das bürgerliche Gesetzbuch den Satz aufzunehmen: Das Schuldverhältnis erlischt durch Quittung." [2])

Bähr hat mit seiner Theorie grosse Erfolge erzielt, und sein Werk kann als bahnbrechend bezeichnet werden. Aber nur wenige haben sich ihm rückhaltlos angeschlossen. [3]) Dass es einen Anerkennungsvertrag gebe und in der Anerkennung ein Verpflichtungswille erklärt sein kann, wird heute kaum noch bestritten [4]) und auch von der Praxis allgemein anerkannt. Im übrigen ist ziemlich alles streitig, sowohl de lege lata wie de lege ferenda.

Der Bähr'schen Auffassung ist vor allem eine von Schlesinger [5]) und Bruns [6]) vertretene Richtung entgegengetreten. Sie fasst Schuldschein und Quittung nicht als verpflichtende Anerkennungsverträge auf, sondern als sog. Beweisverträge oder (noch charakteristischer) als vertragsmässige Beweismittel.

Diese Theorie ist mehrfach mit der Bähr'schen in der Weise verbunden worden, dass man beide Verträge als möglichen Inhalt des Geständnisses nebeneinander stellte. [7])

Heute wird mehr und mehr anerkannt, dass der Beweisvertrag ein Unding ist. [8]) Sein Inhalt soll sein: [9]) Das Anerkannte als bewiesen gegen sich gelten lassen, keinen weiteren Beweis dafür verlangen zu wollen. Es wird anerkannt vorbehaltlich des Gegenbeweises.

---

1) „Zur Beurteilung des Entwurfs" S. 37.

2) Gegenentwurf § 284.

3) Vgl. Die Übersicht bei Bähr in § 71 (3. Aufl.), „Der Erfolg der Lehre". — Neuerdings geht Dilloo noch über Bähr hinaus. Nach ihm ist die Quittung stets ein abstrakter Schuldtilgungsvertrag (S. 81); das Schuldverhältnis erlischt nie durch die Zahlung, sondern erst durch den Tilgungsvertrag, also durch die Quittung (S. 48 ff.).

4) Über die Litt. am besten Windscheid II § 412a. A. 1.

5) Formalvertr. bes. S. 137 ff.

6) In Zeitschr. f. Rechtsgesch. I S. 28 ff., bes. S. 127.

7) So Windscheid II § 412 a.; Bekker, Pandekten II § 109; v. Canstein in Zeitschr. f. Civ.-Pr. S. 257 ff.; auch Planck, Civ.-Pr. I S. 336 ff.

8) Dass Beweisverträge (negativen Inhalts auf Ausschluss eines Beweismittels) vorgekommen sind, ist unbestritten. Beispiele bei Brunner, Zeitschr. f. Handelsr. Bd. 22 S. 79 (Forschungen S. 537 f.).

9) So Windscheid a. a. O. A.

Diese Theorie stützt sich auf die Vertragsnatur oder richtiger Vertragsähnlichkeit des Geständnisses als Beweismittel. Sie geht von Thatsachen aus, die nicht bestritten werden können. Es ist richtig, dass oft eine Erklärung abgegeben wird, in der Absicht, dem anderen Teil ein Beweismittel zu liefern. Wer eine Quittung ausstellt, braucht durchaus nicht den Willen zu haben, die Tilgung bindend anerkennen zu wollen. Und trotzdem handelt er mit vollem Bewusstsein, mit der Absicht, etwas festzustellen. Die Erklärung wird abgegeben, die Quittung beweist erst nach ihrer Aushändigung; alle diese Wahrnehmungen legen es nahe, an einen Vertrag zu denken. Für die gemeinrechtliche Prozessdoktrin ist diese Idee besonders erklärlich; alle die Erfordernisse für die confessio extra judicialis, die vollen Beweis liefern sollte, wiesen auf die Vertragsnatur dieses Beweismittels hin. [1])

Trotzdem ist diese Theorie unhaltbar, insbesondere nach heutigem Prozessrechte. Denn sie gestattet, wie Wach [2]) richtig hervorhebt, den Parteien das Paktieren über ein der privaten Willkür entzogenes Objekt. Das ist die richterliche Überzeugung. Der Beweis ist vom Richter frei zu würdigen. Nicht der Gegner verlangt den Beweis, sondern der Richter. Unsere Civilprozessordnung kennt zwar Beweisverträge, wenigstens könnte man sie so nennen, z. B. über Nichtvereidigung eines Zeugen, über Normierung eines Eides (§§ 356, 426; vgl. §§ 401, 375, 364); aber diese beziehen sich nur auf die Form der Beweisaufnahme, nicht auf die Beweiswürdigung. Nirgends erkennt die CPO. die aussergerichtliche Feststellung der Parteien als beweisend an. Wollte sie es thun, so müsste sie es ausdrücklich erklären. Dem steht nicht entgegen, dass die CPO. ja auch den Anerkennungsvertrag nicht erwähnt, denn in diesem handelt es sich nicht um die Beweisfrage, sondern um das im Prozess geltend gemachte civile Recht. Auch im § 261 CPO. kommt nicht der Beweis oder vielmehr dessen Würdigung in Frage, sondern lediglich der vom Richter zu Grunde zu legende Thatbestand; § 261 spricht nicht von einem prozessualischen Beweisvertrage, sondern von der einseitigen prozessualischen Anerkennung einer Thatsache.

---

1) Von diesem Standpunkt aus will v. Canstein a. a. O. noch unterscheiden zwischen Beweisgrund, d. i. die durch Beweisvertrag begründete Überzeugung des Richters, und Vermutungsgrund, d. i. die confessio als reines Beweismittel. (S. 272 ff.; vgl. aber S. 273 A. 36.)

2) Im Arch. f. civ. Pr. 64 S. 218 ff.; vgl. auch Bülow daselbst S. 62 ff.

Aus dem römischen Rechte, insbesondere aus l. 19 § 1 D. de acc. 46, 4 und l. 6 C. de solutt. 8, 42 lässt sich die Existenz des Beweisvertrages nicht herleiten.

Der Windscheid'sche Anerkennungsvertrag ist im Grunde nur ein stärkerer Beweisvertrag. [1]) Die verschiedenen Bedeutungen der Quittung treten bei Windscheid nicht klar und bestimmt hervor. Doch ist soviel sicher, dass er ebenso wie Bekker einer „Vier-Naturen-Theorie“ [2]) huldigt. Er behandelt die Quittung als Form des Erlasses, als Anerkennungs-, als Beweisvertrag und als einfaches Beweismittel. [3]) Ebenso klassifiziert Bekker [4]), der aber bei der Anerkennung wieder drei Unterarten unterscheidet, je nachdem unumstösslich festgestellt werden soll, oder das Anerkannte nur mittelst qualifizierten Gegenbeweises oder mittelst einfachen Gegenbeweises widerlegbar sein soll. Es mag gleich darauf hingewiesen werden, dass eine durch einfachen Gegenbeweis widerlegbare Anerkennung in nichts sich von dem Beweisvertrage unterscheidet [5]), und dass es eine unumstössliche Anerkennung nicht giebt, vielmehr stets der qualifizierte Gegenbeweis der Unwahrheit und des kausalen Irrtums (resp. Betruges, Zwanges etc.) zulässig ist. Folglich hat die Anerkennung, soweit sie auf Vertrag beruht, stets einen und denselben rechtlichen Charakter. [6])

Unhaltbar ist auch sowohl die Windscheid'sche wie die Bekker'sche Formulierung der Bedeutung des Anerkennungsvertrages. Nach Windscheid enthält er die Verpflichtung, das Anerkannte nicht bestreiten bezw. das „Aberkannte“ nicht behaupten zu wollen. Dieser Anerkennungsvertrag charakterisiert sich als ein ausserprozessualischer Substantiierungsvertrag. Auch dieser Vertrag hat einen der Parteiverfügung entzogenen Inhalt. Das prozessualische Behaupten kann nicht durch Vertrag ausgeschlossen

---

[1]) So Wach S. 228.

[2]) Dies gegen Dilloo S. 37 und 42. — Überhaupt muss es dahingestellt bleiben, ob es richtig ist, die einzelnen Theorien nach der Zahl der dem Geständnisse zu unterscheiden. U. E. wirkt das nur irreführend.

[3]) Das ergiebt sich aus § 412b, verglichen mit 412a A. 2 u. 357.

[4]) a. a. O. S. 242.

[5]) Darauf macht Hölder, Pand. § 70 Anm. aufmerksam.

[6]) Allerdings können der Anerkennung sehr verschiedene Absichten zu Grunde liegen, aber diese können nicht mit den rechtlichen Wirkungen identifiziert werden.

werden, ebensowenig das Bestreiten. Das sind prozessualische unverzichtbare Rechte. Nicht um den Ausschluss des Rechtsweges handelt es sich [1]), sondern um Dasein oder Nichtdasein der civilen Ansprüche. Und wenn Windscheid hiergegen geltend macht, dass man ja nach der Civilprozessordnung (§ 702 Nr. 5) auch giltig versprechen können, sofort gegen sich vollstrecken zu lassen, so wird eben hier die verpflichtende Kraft des Anerkenntnisses verwechselt mit seiner prozessualen Wirksamkeit. Vollstreckbar kann auch ein Anspruch sein, der civilrechtlich völlig nichtig ist. Denn über die Verpflichtungskraft der exekutorischen Urkunde will und kann § 702 Nr. 5 CPO. nichts bestimmen. [2])

Bekker meint, die Wirkung des Anerkenntnisses bestehe einfach in der Existenz oder Nichtexistenz des fraglichen Rechtes. Aber diese Formel reicht doch nicht aus. Wie, wenn das Geständnis in factum konzipiert ist? Ist die Anerkennung ein Vertrag und zwar, wie wohl nicht bestritten wird, ein obligationenrechtlicher, dann enthält er auch die beiderseitige Verpflichtung, das Anerkannte gelten zu lassen.

Gegen Bähr ist schon längst geltend gemacht, dass die Anerkennung kein formales, von seiner causa abstrahierendes Rechtsgeschäft sei, vielmehr „ein materieller, individualisierter, individuell charakterisierter Vertrag." [3]) Bähr selbst widerspricht seiner Theorie, wenn er die Anerkennung zusammenstellt mit Vergleich und Compromiss. Das sind nicht abstrakte Verträge, sie haben ihre ganz bestimmte causa in sich. Es sind Feststellungsverträge.

Wir unterscheiden zwischen der richterlichen und der aussergerichtlichen (rechtsgeschäftlichen) Feststellung. Für letztere ist mehrfach der Name Transaktion (in weiterem Sinne) vorgeschlagen worden. [4]) Das Wesen dieser Verträge erklärt sich aus ihrer Parallelität mit dem Rechtsstreit; sie dienen der Ausserstreitsetzung streitiger Rechtsverhältnisse. Der richtige Name ist Fest-

---

1) Dazu würde die Windscheid'sche Ansicht in ihren Konsequenzen führen.

2) Auf demselben falschen Standpunkt wie Windscheid steht v. Canstein a. a. O. S. 350, wenn er das Anerkenntnis nur in den vom Gesetz (wie CPO. § 702 Nr. 5, HGB. A. 301) anerkannten Fällen für verpflichtend erklärt, also diese beiden grundsätzlich verschiedenen Rechtsnormen auf eine Linie stellt.

3) Unger, Jahrb. f. Dogm. VIII S. 189.

4) Unger a. a. O. S. 198; Buhl, Beitr. z. L. v. d. Anerkennung S. 79 ff.

stellungsvertrag. [1]) Es soll festgestellt, Recht geschaffen werden, das Festgestellte soll gelten unangesehen seiner Wahrheit. Man kann einen solchen Vertrag nicht besser charakterisieren als mit den Worten der römischen Juristen: ad similitudinem iudiciorum redigitur et ad finiendas lites pertinet. [2]) „Was die Parteien festgestellt haben, gilt als Norm für sie: sie sind es, die ius facinet rei. Ihr Ausspruch gilt als Wahrspruch und bildet förmliches Recht unter ihnen.“ [3])

Diese Feststellungsverträge haben sämtlich ihr Analogon im Prozess. Sie unterscheiden sich untereinander durch die Art der Feststellung. Dem Schiedsvertrage entspricht der Prozess selbst [4]), jener will die Erledigung durch den Spruch des Schiedsrichters, dieser die Entscheidung des ordentlichen Richters. Neben dem Schiedsvertrage steht der Schiedeidsvertrag [5]), dem im Prozesse der zugeschobene Eid entspricht [6]); hier wird die Entscheidung herbeigeführt durch die Erklärung der einen Partei, deren Wahrheit durch Gewissenszwang zu sichern versucht wird. Im Vergleiche soll die Feststellung erfolgen durch beiderseitige gütliche Verhandlung. [7]) Feststellungsvertrag ist endlich auch der Kompensationsvertrag [8]); ihm steht die einseitige Kompensation im Prozesse zur Seite; hier wird durch ein rein rechnerisches Verfahren die gegenseitige Schuld oder Nichtschuld festgestellt.

---

[1]) Vgl. Windscheid II § 412; Bekker II § 109; Vangerow III S. 511.

[2]) l. 1 D. de rec. 4, 8; vgl. l. 2 D. de iureiur. 12, 2; l. 7 ib. l. D. de transact. 2, 15; l. 20 C. ib. 2, 4.

[3]) Unger a. a. O. S. 182.

[4]) Bekanntlich fassen die Römer die Litiskontestation als einen Vertrag auf und zwar einen Feststellungsvertrag.

[5]) Nur nebenbei sei bemerkt, dass nicht einzusehen ist, warum ein solcher Vertrag heute ungiltig sein sollte; Windscheid II § 418; a. M. Savigny, Dernburg und Regelsberger.

[6]) Denn auch dieser ist nicht Beweismittel, sondern Disposition über den Streitgegenstand.

[7]) Dass beim Vergleich ein wirkliches Aufgeben von beiden Seiten erfolgt, ist nicht begriffswesentlich.

[8]) Das ist m. W. bisher noch nicht ausgesprochen, liegt aber implicite in den beiden mehrfach aufgestellten Sätzen: 1. Der Abrechnungs-(Kontokorrent)-Vertrag ist ein Feststellungsvertrag (z. B. Bähr §§ 55 ff.); 2. der Abrechnungsvertrag enthält einen Kompensationsvertrag. Thöl HR. I § 317; Regelsberger in Endem. Handb. II. S. 432. A. 37. Definiert man den Kompens.-Vertrag als fingierte Zahlung (Brinz), so bedeutet dies dasselbe.

Bei der Anerkennung erfolgt die Feststellung durch das Geben und Nehmen des in verpflichtender Absicht erfolgenden einseitigen Zugeständnisses. Der Inhalt des Vertrages ist die Verpflichtung, das Festgestellte als rechtskräftig gegen sich gelten zu lassen; nicht liegt darin notwendig ein Erfüllungs- oder Zahlungsversprechen. Die Hauptanwendungsfälle dieses schriftlichen Anerkennungsvertrages sind Schuldschein und Quittung.

Diese können auch die Erscheinungsformen aller anderen Feststellungsverträge sein. Besonders häufig dienen sie zum Abschlusse eines Vergleichs- oder Aufrechnungsverfahrens.

Allen Feststellungsverträgen gemeinsam ist die Art der Anfechtung. Sie ist analog der Nichtigkeitsklage [1]) gegen ein rechtskräftiges Urteil. Sie sind anfechtbar wegen Unwahrheit oder Unbilligkeit des Festgestellten, anfechtbar wegen Betruges, Zwanges und wesentlichen Irrtums in dem als unzweifelhaft Vorausgesetzten. Diese Anfechtung ist nicht Kondiktion und kann sich auch nicht nach den Regeln des Kondiktionenrechts richten. [2]) Denn die Feststellung ist keine Zuwendung, kein Übertragungsakt.

Freilich kann sich die Zuwendung in das Gewand der Feststellung kleiden, der Erlass durch Quittung, die Schuldbegründung durch Schuldbekenntnis erfolgen. Dann wird anerkannt im Bewusstsein der Unwahrheit des Anerkannten. Es liegt also ein simuliertes Rechtsgeschäft vor. Ein solches kann nie vermutet werden, ist aber äusserst häufig. Es ergiebt sich also eine neue Bedeutung der Quittung; sie kann die Schriftform eines Erlassvertrages darstellen.

Die Anerkennung kann in ius oder in factum konzipiert sein. Das hängt von der Willkür der Parteien und von der wechselnden Verkehrsübung ab. Ein juristischer Unterschied ist hierin nicht zu finden.

Sie kann endlich eine abstrakte oder eine diskrete sein, je nachdem das Bekenntnis ganz allgemein abgegeben wird oder sich auf ein bestimmtes Rechtsverhältnis bezieht. Beim Schuldschein spitzt sich diese Unterscheidung dahin zu, ob der Schuldgrund in der cautio angegeben ist oder nicht (cautio indiscreta). Der Unterschied ist hier von grösster Wichtigkeit. Für die

---

1) Im weiteren Sinne, nicht im technischen des § 542 CPO.

2) Vgl. über diese Frage de lege ferenda: Verhandlungen des 8. und 9. Juristentages.

Quittung ist es zunächst gleichgiltig, ob sie generell oder individuell gefasst ist.

II. Wenden wir uns nach diesen allgemeinen Betrachtungen zum römischen Rechte, so haben wir auch hier zu unterscheiden zwischen formalem Zuwendungs- und Feststellungsvertrag, Schuldversprechen und Schuldbekenntnis, Schuldaufhebungs- und negativem Schuldanerkennungsvertrag. Das Schuldversprechen aber und das Schuldbekenntnis erscheinen beide regelmässig in der Form der Stipulation, d. i. des durch seine Form obligierenden abstrakten Vertrages. Darin liegt die Schwierigkeit der Frage für die gemeinrechtliche Theorie. Der praktische Sinn der Römer machte zwischen der von ihrer causa abstrahierenden Anerkennung, dem generellen Schuldbekenntnis, und dem abstrakten Schuldversprechen keinen Unterschied, wie denn auch heute ein Richter zwischen den Scheinen: „Ich erkläre, dem A 100 schuldig zu sein" und „ich verspreche, dem A 100 zu zahlen" keine praktische Verschiedenheit erblicken würde. Beide sind cautiones indiscretae im Sinne der berühmten l. 25 § 4 D. de prob. 22, 3. Sie sind nicht unwirksam, denn civilrechtlich ist die Stipulation giltig, aber der Prätor giebt die Exception, dass eine wirkliche causa dem Versprechen nicht zu Grunde liege; beweisen soll jedoch nicht der Excipient, sondern der Kläger, und das kann er natürlich nicht mit der als Beweismittel ganz untauglichen cautio indiscreta. [1])

Im heutigen Rechte ist die Stipulation nicht rezipiert. Ob der abstrakte Vertrag Giltigkeit habe oder nicht, ist sehr bestritten. [2]) Gilt aber l. 25 § 4 cit. — und ihre Geltung anzuzweifeln, liegt kein Grund vor —, so muss die Frage verneint werden. Gewiss mit Recht hebt z. B. Vangerow [3]) hervor, dass die Erklärung „ich bin 100 schuldig" gar kein Beweis sei, aber „ich habe 100 versprochen" ein zwingender Beweis eines abstrakten Schuldversprechens. Aber auch die erstere Formel kommt ja nicht als Beweismittel der Schuld in Frage, sondern des abstrakten Schuldanerkennungsvertrages, und für diesen liefert

---

1) Man wird an diesem Sinne der berühmten Stelle nicht vorbeikommen können. Für das justinianische Recht mindestens ist die Stelle fortdauernd von höchster Wichtigkeit. Übrigens ist sehr wahrscheinlich, dass sie aus l. 13 C. de n. n. p. 4, 30 interpoliert ist.

2) Windscheid II § 364.

3) Vangerow III § 600 S. 247 (7. Aufl.).

sie vielleicht vollen Beweis. Die beiden Verträge verschieden behandeln zu wollen, wäre unpraktisch und unnatürlich.

De lege ferenda lässt sich für und gegen die Giltigkeit der cautio indiscreta manches anführen. [1]) Die Gefahr liegt in der völligen Formlosigkeit. Für das abstrakte Versprechen wird mit Recht eine feste Form verlangt. Der Entwurf fordert wenigstens schriftliche Form. [2])

An diesem Punkte zeigt sich der Unterschied zwischen Schuldschein und Quittung. Auch bei der Quittung ist zu unterscheiden zwischen der abstrakten Erklärung, dass die Schuld aufgehoben sein solle, und dem generellen Anerkenntnisse ihrer Tilgung. Aber nie ist hier daran gezweifelt worden, dass beide Erklärungen sich in ihrer Wirkung völlig gleichstehen.

Als selbstverständlich setzt Papinian in l. 40 pr. D. de pact. 2, 14 voraus, dass „profiteor te non teneri" als ein pactum de non petendo aufzufassen sei. [3]) Und auch das kann als unbestritten gelten, dass ein solches pactum zu seiner Giltigkeit der Angabe einer causa nicht bedurfte. [4]) De lege ferenda zeigt sich die Begünstigung des Schuldaufhebungs- vor dem Schuldbegründungsvertrage darin, dass für den abstrakten Erlass- und negativen Schuldanerkennungsvertrag eine besondere Form niemals gefordert worden ist; auch nach dem Entwurf genügt mündliche Erklärung. [5])

Die Römer besitzen zwei abstrakte Schuldaufhebungsverträge verschiedenen Charakters [6]), die acceptilatio und das pactum de non petendo. Beider Natur ist höchst bestritten. So viel ist sicher, dass sie beide Verträge sind und stets gewesen sind. Die

---

[1]) Vgl. in d. Verhandl. des 8. und 9. Juristentages besonders Koch (VIII Bd. 1 S. 299 ff.), Dugge (IX Bd. 2 S. 434 ff.), Eck (ib. S. 446 ff.), Zimmermann (ib. S. 462 ff.), Ihering (ib. u. VIII Bd. 2 S. 94 ff.), Wächter (ib. S. 118 ff), Götz (VIII Bd. 1 S. 308 ff.).

[2]) E. I § 683, E. II §§ 719 f. nach dem Vorgange von HGB. a. 301. Vgl. dagegen insbes. Bähr § 71.

[3]) Vgl. hierüber Hartmann im Arch. f. civ. Pr. 85 S. 52 f.

[4]) Ausführlich begründet von Hartmann a. a. O. S. 33 ff. S. 38.

[5]) E. I § 290, E. II § 341.

[6]) Die nexi liberatio und die Litteralacceptilation können als rein historische Erscheinungen ausser Betracht bleiben; der contrarius consensus ist Rücktritt vom Vertrag.

Acceptilation [1]) steht der Zahlung gleich, sie ist imaginaria solutio: solutionis exemplo acceptilatio solet liberare (l. 5 D. h. t.). Das kann nicht heissen, dass die Acceptilation eine Art Zahlung gewesen sei oder eine praesumtio iuris et de iure für die Zahlung erzeugt habe. Es ist ganz undenkbar, dass die Römer die Acceptilation je für etwas anderes sollten angesehen haben, als für einen Vertrag. Andererseits ist die Bezeichnung der acceptilatio als einer Scheinzahlung auch nicht eine blosse historische Reminiscenz, wie Erman (S. 69) meint. Die Acceptilation wirkt in derselben Weise wie die Zahlung; die römischen Juristen ziehen hieraus die bedeutsamsten Konsequenzen. Dass bei Korrealobligationen die Acceptilation eines Korrealgläubigers sämtliche Forderungsrechte tilgt, ist in den Quellen ausdrücklich ausgesprochen (l. 13 § 12 D. de acc. 46, 4); für die Solidarobligation freilich fehlt es an Quellenzeugnissen, doch ist auch hier das gleiche anzunehmen. [2]) Entscheidend aber ist ein Fragment Ulpians (l. 8 §§ 9, 10 D. de SC. Vell. 16, 1): der Zahlung einer Intercessionsschuld durch eine Frau, welche die Zahlung zurückfordern konnte, soll die Acceptilation gegenüber der Frau gleichstehen; ist also die Frau, der der Gläubiger acceptoferierte, gemäss dem Senatusconsultum Velleianum nicht wirksam verpflichtet, so hat der Gläubiger trotz seiner Acceptilation die restitutoria actio, ebenso wie wenn die Frau gezahlt hätte. [3])

Das sind Rechtssätze, die auf unseren modernen Erlassvertrag in keiner Weise passen. Die Acceptilation ist nicht rezipiert, und die im Bewusstsein der Nichtzahlung ausgestellte Quittung hat sie nicht ersetzt. Vielmehr ist unser Erlassvertrag eine eigene Rechtsbildung. [4])

Denn auch mit dem römischen pactum de non petendo [5])

---

[1]) Zum folgenden insbes. Erman bes. S. 55 ff., Windscheid II § 357 A. 5, Pernice in Zeitschr. d. Sav.-St. IX S. 212, Karlowa, Rechtsgesch. II S. 812 ff.; Hartmann a. a. O. S. 44 ff.

[2]) Windscheid II § 294 A. 6; Baron § 246 II 2; a. M.: Dernburg II § 75 A. 3; Erman S. 70; Vangerow III § 573 A. 5; Savigny, Oblig.-R. 1 § 20 S. 202.

[3]) Erman (S. 74) sagt: Die Verwirklichung dieses Satzes (velut solvisse videtur is, qui acceptilatione solutus est) in einer rein materiellen Frage ist beispiellos. Einen Ausweg weiss er jedoch nicht.

[4]) Dernburg II § 65 A. AM.; Windscheid a. a. O.

[5]) Zum folgenden Windscheid II § 357 A. 6—8; Vangerow III § 621; Arndts § 167 A. 1; Savigny Obl.-R. I § 18; Dernburg II § 65 A. 4; Hartmann a. a. O. S. 18 ff.; Bruns in v. Holtzendorff Encyklop. (Das heut. r. R.) § 66.

ist er nicht zu identifizieren. Dieses ist der ebenfalls abstrakte [1]), prätorische Anspruchsverzicht. Sein Wesen ist nicht Aufhebung der vielmehr civilrechtlich weiterbestehenden Forderung, sondern Hemmung; es wird ein Gegenrecht gegeben. Der heutige Erlassvertrag dagegen bewirkt Aufhebung der Forderung.

Niemals ist es den Römern eingefallen, der apocha, der Quittung des griechisch-römischen Verkehrslebens, Vertragscharakter zuzuschreiben. Dennoch ist auch diese Ansicht neuerdings vertreten worden. [2]) In den Quellen findet sie keine Unterstützung. Vielmehr steht ihr direkt entgegen die bekannte Äusserung Ulpians in l. 19 § 1 D. de acc. 46, 4: Inter acceptilationem et apocham hoc interest, quod acceptilatione omni modo liberatio contingit, licet pecunia soluta non sit, apocha non alias, quam si pecunia soluta sit. Die Acceptilation ist ein Vertrag, die apocha ein Beweismittel, das ist der Sinn der Stelle. Für einen kausalen Tilgungsvertrag ist neben dem pactum de non petendo kein Raum mehr. „Profiteor te non teneri", das kann nach l. 40 pr. D. de pact. 2, 14 ein Vertrag sein, aber eben ein pactum d. n. p., kein apocha = Vertrag. [3])

Dass das justinianische Recht Schuldschein und Quittung als Verträge auffasse und zwar als eine Wiederbelebung der alten Litteralverträge, ist (wenigstens für den Schuldschein) neuerdings [4]) und auch schon in früherer Zeit [5]) oft behauptet worden, um

1) Hartmann a. a. O., besonders S. 33 ff. 38.

2) Dilloo S. 71 ff.

3) Dilloo S. 51 f. sucht aus der l. 19 § 1 cit. das Gegenteil herauszulesen. Aber es ist ungerechtfertigt, die Worte Ulpians derartig zu pressen. Nur aus stilistischen Gründen steht apocha im Ablativ, nicht will der Jurist sagen, dass die Quittung befreiend wirke. Denn die Obligation wird ja durch die Zahlung aufgehoben. Diesen Satz hat Dilloo freilich als unrichtig zu erweisen versucht. Leider muss hier auf eine ausführliche Bekämpfung seiner Ansicht verzichtet werden. Garnichts ergiebt sich für seine Auffassung der apocha aus l. 19 C. de fide instr. 4, 21. In l. 35 D. de pact. 2, 14 wird von einem pactum d. n. p. gesprochen, welches ja Dilloo selbst von der apocha unterscheidet; aus l. 35 § 2 D. de inoff. test. 3, 28 ergiebt sich nur, dass in einer apocha auch eine dispositive Erklärung stehen konnte (vgl. oben die griechischen Quittungen); von einer Gleichstellung mit pactum und transactio ist nicht die Rede. Gegen Dilloo's Ansicht noch l. C. de solutt. 8, 42, l. 13 ib.

4) Bähr (Anh. zu seiner Schrift); Schlesinger, Formalvertr.; Goldschmidt in Jahrb. f. Dogm. 24 S. 34 ff. u. a. m.

5) Vgl. bes. Glück 12 S. 135 ff.; Rosshirt Civilr. II § 473; Cropp in Heise-Cropp I Nr. 18; Einert, Litteralkontrakt und die Übersicht bei Gneist S. 321 ff.

Klarheit zu gewinnen für die verworrene und unbequeme Lehre von der querela n. n. p. Man beruft sich dabei vor allem auf die Darstellung Justinians in den Institutionen. Der Schuldschein soll eine Formalobligation erzeugen. Die exceptio n. n. p. ist die (der l. 25 § 4 D. de prob. 22, 3 entsprechende) Einrede des Fehlens eines wirklichen Verpflichtungsgrundes, die innerhalb des bestimmten Zeitraumes erlischt. Die entsprechende Auffassung hat dann auch für die Quittung zu gelten.

Aber Justinians Äusserungen sind nichts weiter als der Versuch, das durch ihn reorganisierte Institut der qu. n. n. p. als ein echt römisches zu erweisen. Er widerlegt sich selbst, wenn er sagt, dass dum queri non protest, scriptura obligatur. Eine Skripturobligation, die erst nach Ablauf einer gewissen Frist entsteht, ist ein Unding, sie ist endweder sofort vorhanden oder garnicht. [1])

III. Wir kommen zu dem Resultate: Die Quittung ist im gemeinen, wie überhaupt im heutigen und im zukünftigen deutschen Rechte zunächst Beweismittel, unter Umständen ein Vertrag. Die Frage ist, welche Merkmale es für die Unterscheidung der beiden Naturen der Quittung giebt.

Es ist oft behauptet worden, dass hierfür die Unterscheidung von in ius und in factum conceptio zu Grunde zu legen ist. Laute

---

[1]) Vgl. über Justinians „wüste Rede" Einert a. a. O. S. 11 ff. „Der Schluss der ganzen Abhandlung ist offenbar mit der eigenen Darstellung der Antecessoren in Widerspruch." Einert's eigene Ansicht ist, dass die qu. n. n. p. „lediglich auf die Verteidigung des mit einer Klage aus dem Formalkontrakt bedrohten Promissors berechnet" sei (S. 29). Seine aus der moralischen Unmöglichkeit der herrschenden Auffassung geschöpften Argumente (S. 32 f.) können jedoch nicht überzeugen. — Nach Bähr ist die exc. n. n. p. Einrede gegen die Stipulationsurkunde; aber die Urkunde beweist sofort und der Gläubiger beweist mit der Urkunde. Diese Theorie hat keine Anhänger gefunden (vgl. § 71 der 3. Aufl.). Auch Brinz II § 311 und Bekker, Aktionen I S. 382 ff.. erklären sich gegen ihn. — Schlesinger sucht zu erweisen, dass die exc. n. n. p. die Einrede sei, dass der Darlehnsschein oder die Quittung in Erwartung der Zahlung ausgestellt sei; dies müsse der Schuldner beweisen; dem Gläubiger liege dann der Beweis der Zahlung ob. Auf demselben Standpunkt scheint zu stehen ROHG. in Entsch. 5 S. 56 f. Diese exc. findet sich wieder in Bähr's Gegenentwurf §§ 286, 721 ff., vgl. Arch. f. bürg. R. 2 S. 103 ff. Ob der Schuldner da nicht lieber den Beweis der Nichtzahlung auf sich nehmen würde? Über Wendt's Realverbalkontr. in Jahrb. f. Dogm. 24 S. 1 ff. vgl. Pernice in Ztschr. d. Sav.-St. 13 S. 246 ff., dagegen Wendt in Jahrb. f. Dogm. 32 S. 124 ff.

die Urkunde auf eine Thatsache, so sei sie rein beweisend, laute sie auf ein Rechtsverhältnis, so sei sie dispositiv. [1]) Windscheid fügt die Begründung hinzu, dass auf Rechtsverhältnisse der Beweis keine Anwendung finde. Das ist ein sehr anfechtbarer und sehr dehnbarer Satz. Auch Rechtsverhältnisse werden bewiesen, oder vielmehr nicht sie selbst, sondern die zugrundeliegenden juristischen Thatsachen. Die Unterscheidung hat überhaupt keinen Wert, wenn man bedenkt, wie nahe sich oft die Ausdrucksweise durch Rechtsbegriffe und die durch Thatsachenanführung stehen. Sagt jemand: „Ich habe 100 von A erhalten", so wäre dies ein reines Beweismittel, sagt er: „A hat mir 100 bezahlt", so wäre dies eine Disposition; denn Zahlung ist ja ein Rechtsbegriff. Und wie steht es mit Ausdrücken wie Kauf, Miete, Darlehen, Schenkung?

Ein juristischer Unterschied besteht mithin zwischen diesen beiden Erklärungsarten nicht, wenn auch für die Beweiswürdigung die Verschiedenheit in Betracht kommen mag. Vielmehr ist alles auf die Willensauslegung zu stellen. [2]) Der Richter hat völlig frei zu prüfen, ob in einer Quittung eine Willensbekundung enthalten ist. Dabei mögen häufig Missgriffe vorkommen. Das beweist nichts gegen die Richtigkeit der vorgetragenen Anschauung. [3]) Die vertragsmässige Quittung ist überhaupt häufig; aber dass die Quittung heutzutage prinzipiell ein Vertrag sei, entspricht nicht der Verkehrsanschauung.

Das preussische Recht stellt für einen Einzelfall eine Präsumtion des Erlasses auf, wenn nämlich aus der Quittung selbst erhellt, dass Zahlung nicht erfolgte, und das der Quittung zu Grunde liegende Rechtsgeschäft nicht auszumitteln ist (§§ 113, 114 ALR. I 16). [4]) Als Beweisregel darf der Satz auch ausserhalb des landrechtlichen Gebiets Geltung beanspruchen.

---

1) Wetzell § 22; Windscheid II 412 a. A. 2 und vgl. die dort Citierten.

2) So Bekker, Pand. II § 109.

3) Deshalb ist die Polemik von Bähr, Urteile S. 21 ff. gegen die dort angeführten Entscheidungen des Rg. unberechtigt. Soweit Fehler gemacht sind, liegen sie in der falschen Beweiswürdigung der unteren Instanzen. Dasselbe gilt für die Entscheidung des Reichsg. 14 S. 242 u. bei Gruchot's Beitr. 26 S. 990, 28 S. 940, 32 (Beil.) S. 1002. Vgl. schon Bruns in Ztschr. f. Rgesch. I S. 121 ff.

4) Nur wenn die Quittung selbst die Nichtzahlung ergiebt: so in konstanter Praxis Strieth. 89 S. 361; Entsch. d. ROHG. 14 346; Bolze, Praxis 4 No. 261; Entsch. d. Rg. 33 S. 288 ff. Die Präsumtion gilt auch, wenn teilweise Barzahlung anerkannt, aber die Grösse des gezahlten Teils nicht angegeben ist. (Entsch. d. OTr. 24 S. 28; Bolze 18 No. 133; Koch, Komm. ad. § cit.) Vgl. auch

Die Quittung, soweit sie einen Vertrag enthält, kann auch bindende Anerkennung der Nichtexistenz der Schuld sein. Als solche kommt sie besonders häufig beim Kompensations- [1]) (und Kontokorrent)-Vertrage [2]) und beim Vergleiche [3]) vor. Anerkennungsvertrag und nichts weiter ist auch die von Exner [4]) als besonderer Typus hingestellte kausale Befriedigungserklärung. Sie ist nicht Beweismittel und zugleich Verfügungsakt, will wenigstens nicht beides sein, sondern sie ist zunächst und im Sinne der Parteien Anerkenntnis. Wieviel Beweiswert für die anerkannte Thatsache sie daneben besitzt, kann dahin gestellt bleiben, regelmässig wird ihre Beweiskraft eine sehr geringe sein.

IV. In einzelnen Fällen ist die dispositive Natur der Quittung ausdrücklich durch das positive Recht bestimmt oder ergiebt sich aus den gesetzlichen Bestimmungen. Eine solche Quittung ist die Generalquittung, d. h. die auf eine Reihe von Forderungen generell, sodass die einzelnen Posten in der Quittung nicht hervortreten, lautende Quittung. Auf ein anderes Moment legt freilich § 116 ALR. I 16 das entscheidende Gewicht; die Quittung soll sich auf eine „gehaltene Berechnung" beziehen. Dieses Erfordernis ist kein begrifflich notwendiges [5]), aber es ist festzuhalten [6]) für die landrechtliche Fiktion [7]), dass alle früheren Posten für abgethan zu erachten seien. [8]) Für den Fall terminlicher Prästationen gilt dasselbe nach § 139 ALR. I 16. Das Gesetz macht in § 118 die selbstverständliche [9]) Einschränkung, dass die Generalquittung nur die Aufhebung der dem Aussteller bekannt

Rehbein, Entsch. d. OTr. III S. 25 ff. Anm. u. Rönne II zu §§ 105, 113, 114. — Ganz selbstverständlich ist, dass die Quittung die für den Erlass von mehr als 150 M. notwendige Schriftform deckt. Vgl. die b. Rehbein III S. 25 Anm. citierten Entsch. Das ist kein Widerspruch in der „Beweismitteltheorie" des ALR., wie Dilloo S. 21 f. meint. Eine solche Theorie hat das LR. überhaupt nur insofern, als auch nach ihm die Quittung zunächst Beweismittel, in zweiter Linie Erlass ist.

1) Besonders wenn man den Komp.-Vertr. als doppelten Erlass auffasst.

2) Quittung über das Saldoguthaben (Entsch. d. ROHG. 10 S. 358).

3) Z. B. Striethorst, Arch. 96 S. 192 ff.

4) Grünhut's Ztschr. 32 S. 670 ff.

5) Anerkannt vom Reichsger. b. Bolze 5 No. 228.

6) Strieth., Arch. 85 S. 345, Entsch. d. ROHG. 21 S. 399; Bolze 7 No. 201.

7) Nicht Präsumtion: Koch, Komm.; vgl. aber Förster-Eccius I § 91.

8) Die General-Quittung eines Analphabeten sollte ohne die nötige Beglaubigung wirkungslos sein: Entsch. d. OTr. 95 S. 125.

9) Falls man die Generalquittung als Feststellungsvertrag ansieht; vgl. oben S. 80.

gewesenen Forderungen bewirke. Das sollte aber nach den jetzt aufgehobenen [1]) §§ 120—122 ib. nicht gelten für die kaufmännische Generalquittung; diese war vielmehr ein genereller Forderungsverzicht des Gläubigers. [2])

Auch für das gemeine Recht wird man die Generalquittung stets als Dispositionsakt anerkennen müssen. [3])

V. Über die Bedeutung der Generalquittung geht noch hinaus die Decharge. Sie ist Anspruchsverzicht auf Grund der bindenden Anerkennung, völlig befriedigt zu sein. Sie ist von der Generalquittung insofern verschieden, als diese sich auf eine Reihe von Forderungen bezieht, die Decharge hingegen regelmässig nur auf ein einziges Rechtsverhältnis, aus dem aber die verschiedensten Ansprüche entspringen können. Das ist das vom preussischen Rechte als Verwaltungsvertrag bezeichnete Rechtsverhältnis, für das die Bevollmächtigung zur Verwaltung fremden Vermögens wesentlich ist. Die Entlastung, die der Geschäftsherr seinem Vertreter nach abgelegter Rechnung zu erteilen verpflichtet ist, nennen wir Decharge. Sie ist stets Willenserklärung. [4])

Die Decharge kommt nicht nur im Privatrechte vor. Das öffentliche Recht kennt sie als die Entlastungserklärung, die die Volksvertretung alljährlich der Regierung erteilen muss, falls die Einhaltung der durch den Staatshaushaltsetat für die Finanzverwaltung aufgestellten Regeln nachgewiesen ist (z. B. a. 72 RV.); den einzelnen Behörden wird sie von dem obersten Rechnungsamte erteilt. Sie bedeutet Entbindung von der Verantwortlichkeit für die geführte Verwaltung. Nach § 17 des preussischen, auch für das Reich in Betracht kommenden Gesetzes vom 17. März 1872 soll sie die in §§ 146—152 ALR. 14 festgesetzten Wirkungen einer dem Verwalter erteilten „Quittung“ (das ist hier dasselbe wie die

---

1) Durch Art. 60 Abs. 3 des preuss. EHGB. Über diese Frage (denn der landrechtliche und der handelsrechtliche Kaufmannsbegriff decken sich nicht) s. bes. Cohn in Endem. HB. S. 1021 A. 122; Koch, Komm.

2) Jene Vorschriften zwangen also den Kaufmann zu einem unwiderruflichen Verzicht.

3) Vgl. schon Holzschuher III § 227 Nr. 14. — Einer der wichtigsten Anwendungsfälle ist die Saldoquittung beim Kontokorrent. Sie ist nicht notwendig, aber regelmässig dispositiv. — Die Generalquittung war schon dem römischen Vulgarrecht bekannt; wir finden sie z. B. in der Berliner Pap.-Urkunde No. 5 und Not. et. extr. 18 p. 2 No. 17.

4) Vgl. darüber Bähr in Ihering's Jahrb. II S. 431.

Decharge) haben. Ebenfalls gehört hierher die dem Vormunde nach § 69 der Vormundschaftsordnung [1]) „über treu und richtig geführte“ Vormundschaft zu erteilende Quittung und Entlastung. Eine grosse Rolle spielt die Decharge im Handelsrecht, insbesondere ist sie dem Vorstande einer Aktiengesellschaft alljährlich durch die Generalversammlung zu erteilen. [2])

Das preussische Recht schränkt durch positive Vorschrift die Wirkung der Decharge innerhalb der ersten zehn Jahre ein; für die nicht in der Schlussrechnung ausdrücklich erwähnten Angelegenheiten und Geschäfte bleibt der Verwalter weiter verantwortlich (§ 148 ALR. I 14). Über den Anfang dieser Frist sind Sonderbestimmungen gegeben (§ 152 f.). Nach Ablauf der Frist haftet der Verwalter nur noch für dolus und, wie das Gesetz merkwürdiger Weise hinzufügt, wegen offenbarer Rechnungsfehler (§ 151). Der ausdrücklichen Decharge steht die Nichtabnahme derselben binnen fünf Jahren gleich; durch den Erlass der Rechnungslegung tritt sofort die stärkere Wirkung ein (§§ 154 ff. 157 ff.).

Die Decharge des Handelsrechts übt ihre Wirkungen sofort. Sie kann ausdrücklich erteilt werden oder implicite durch vorbehaltlose Genehmigung der Bilanz, von der sie zwar begrifflich scharf zu trennen ist, mit der sie jedoch thatsächlich oft zusammenfällt. [3]) Die Wirkung der Decharge ist nicht die blosse Anerkennung der Richtigkeit der vorgelegten Rechnung, noch weniger ist sie eine bloss bezeugende Erklärung; sie bewirkt Aufhebung der vertragsmässigen Verbindlichkeit; nur für dolus wird weitergehaftet. [4])

Die Klage auf Decharge-Erteilung ist Anerkennungs-, nicht Feststellungsklage.

VI. Der Charakter einer regelmässig dispositiven Erklärung wird endlich vielfach auch der Wechselquittung zugesprochen. Art. 39 WO. bestimmt, dass der Wechselschuldner nur gegen Aus-

---

[1]) Früher §§ 885 ff. ALR. II 18. Über deren Geschichte s. Bornemann III S. 322 f.

[2]) Art. 239 ff. HGB.; vgl. auch die „schliessliche Auseinandersetzung“ in Art. 142 (cf. Art. 130).

[3]) Vgl. z. B. Staub, Komm. § 2 a zu a. 239a; Ring, Komm. ib. A. M. Simon, Bilanzen S. 8 ff.

[4]) Mit Unrecht will das Reichsg. Entsch. 12 S. 77 die Bedeutung der Decharge einschränken (vgl. auch Entsch. d. ROHG. 22 S. 278, Bolze 9 No. 479), dagegen Staub a. a. O.

händigung des Wechsels und Quittungsleistung auf dem Wechsel zur Zahlung verpflichtet sei. [1]) Auf den ersten Blick könnte es scheinen, als ob die Quittung auf dem Wechsel, wie alle überhaupt rechtserheblichen Wechselerklärungen ein Formalakt sei. Sie müsste dann zerstörend auf die Wechselschuld einwirken. Und in der That ist diese Theorie in der Litteratur durch namhafte Autoren vertreten worden. [2]) Führt man sie konsequent durch, so kommt man zu dem Resultat, dass eine Durchstreichung des Quittungsvermerks wirkungslos sein muss. Die Quittung hat den alten Wechsel vernichtet; wie sollte die Durchstreichung ihn wiederherstellen können? Und doch wollen auch die Vertreter jener Ansicht diese Konsequenz nicht anerkennen. Sie verwickeln sich damit in einen Widerspruch, der nur lösbar ist vom Standpunkte der Begebungsvertrags- (oder Emissions-)theorie. Die Unrichtigkeit der Kreationstheorie wäre somit an dem Institut der Wechselquittung erweisbar. [3])

Aber das Institut der Wechselquittung beweist nichts für oder gegen die Kreationstheorie; die Quittung beweist lediglich die Zahlung der Wechselsumme, aber natürlich erst in den Händen des Wechselschuldners. Sie ist deshalb keine abstrakte Schuldaufhebung, weil ihr nirgends im Gesetze diese Eigenschaft beigelegt ist. Das Gesetz zählt die sämtlichen formellen Wechselerklärungen auf und bespricht ihre Wirkungen (Indossament, Accept, Aval etc.); die Quittung ist nur im art. 39 kurz erwähnt. Ferner wird die Quittung nicht als notwendig bezeichnet; art. 39 cit. sagt nur, dass der Schuldner verlangen kann, dass quittiert wird. Ausdrücklich heisst es im Gesetz, dass durch die Zahlung (nicht durch die Quittierung) eines Wechselexemplares alle Duplikate ihre Kraft verlieren. Es giebt überhaupt keine formellen Tilgungsgründe für die Wechselschuld. [4]) Auch die Ver-

---

[1]) Der Artikel hat keine Vorgeschichte; er fand sich in derselben Form in allen Entwürfen (Thöl, Protok. S. 78). Über das ältere Recht s. §§ 901, 1200, ALR. II 8, Einert, programma an is etc., Heise HR. § 96 A. 3, Pöhls II S. 462, Treitschke, WR. Encyklopädie II S. 807 ff., I S. 30 ff.

[2]) Thöl, WR. § 319; Kuntze, WR. § 61; Brachmann in Endemann's HB. IV 2 S. 205 A. 8; Seuff. 24, 76; Z. f. HR. 6 S. 21 und Busch, Arch. 39 S. 166.

[3]) Denn vom Standpunkte der Kreationstheorie aus ist es unerklärlich, wie die Wirkungen der durch einseitigen Akt des Gläubigers erfolgten Tilgung der Obligation wieder sollen aufgehoben werden.

[4]) Dernburg, preuss. Pr.-R. II § 281.

nichtung des Papiers macht die Geltendmachung der Forderung nur faktisch unmöglich. Wird die Nichtzahlung bewiesen, so ist die Quittung hinfällig.

Das eigentliche Sicherungsmittel des Schuldners ist deshalb nicht die jeder Zeit wieder durchstreichbare Quittung, sondern die Aushändigung des Wechsels. Eine besondere Quittung ausserhalb des Wechsels zu verlangen, ist der Schuldner nicht berechtigt.

Regelmässig wird im Wechselverkehr vor der Zahlung quittiert. [1]) Wird dann dem Präsentanten des quittierten Wechsels nicht gezahlt, so wird die Quittung wieder durchstrichen und Protest erhoben; die Beweiskraft der Quittung wird durch die Protesterhebung, auch wenn die Quittung stehen geblieben ist, völlig annulliert. [2])

Bei Teilzahlungen kann ebenfalls Abquittierung auf dem Wechsel, daneben aber Ausstellung einer mit der Teilquittung versehenen Kopie verlangt werden. [3]) Doch ist die Teilabschreibung wenig gebräuchlich; gewöhnlich wird vielmehr über die ganze Summe quittiert und über die Restschuld ein neuer Wechsel ausgestellt. [4])

Mehrfach wird die Formalnatur der Wechselquittung noch in anderer Hinsicht behauptet. Es soll nämlich die unterschriebene oder doch die durchstrichene Quittung, deren Unterschrift stehen geblieben ist, die Bedeutung eines Indossaments haben, und zwar eines gewöhnlichen, wenn der Zahlende in der Quittung genannt ist, eines Blankoindossaments, wenn dies nicht

---

1) Doch ist die Präsentation des quittierten Wechsels kein Erfordernis der Protesterhebung (Oberlandesger. Frankfurt a. M. gegen Landger. daselbst in Ztschr. f. HR. 38 S. 564). Dass nur gegen Quittung gezahlt werden soll, braucht im Wechselurteil nicht ausdrücklich gesagt zu sein, versteht sich vielmehr von selbst. (Entsch. d. ROHG. 11 S. 67, 15 S. 24, 21 S. 303.) Dem Gerichtsvollzieher ist der quittierte Wechsel auszuhändigen (Staub., Komm. zur WO. zu a. 39 no. 10).

2) Rehbein, Komm. zur WO. zu a. 82 4a. Entsch. d. ROHG. 3 S. 99 (= Seuff. 26, 173) 7 S. 67, 288 (ebenfalls bei Seuff.), vgl. auch Entsch. d. ROHG. 1 S. 240 f.; Seuff. 34, 157.

3) art. 39 WO. — Damit ist nicht gesagt, dass die Abschreibung auf dem Original keine Quittung sei, sondern „ein einseitiger Vermerk des Wechselgläubigers" (Hanseat. Oberlandesger. in Ztschr. f. HR. 30 S. 182).

4) Entsch. d. Rg. 4 S. 65. — Über die Form der Wechselquittung (früher regelmässig pour acquit): Pöhls, Heise, Treitschke a. a. O.; Volkmar-Loewy, Komm. § 106 S. 156.

der Fall ist. [1]) Das ist jedenfalls für das heutige Recht nicht zutreffend. [2])

Für die Quittung auf anderen Wertpapieren müssen dieselben Grundsätze Anwendung finden. [3])

VII. Anhangsweise sei erwähnt, dass die Quittung auch zu anderen rechtsgeschäftlichen Feststellungen benutzt wird. Sie dient insbesondere zur bindenden beiderseitigen Anerkennung der Art der Schuld [4]), des Schuldgrundes, und der Höhe derselben bei

---

[1]) So bei Treitschke a. a. O. I S. 493; Seuff. 12, 69 (OTr.).

[2]) Für das Indossament ist das Empfangsbekenntnis der Valuta irrelevant. Vielmehr sind Quittierung und Girierung prinzipielle Gegensätze (Volkmar-Loewy § 38 S. 73). Einen Eigentümer-Wechsel, entsprechend der Eigentümerhypothek, kennt unsere WO. nicht. Unmöglich ist es nicht, dass die Quittung nur als Form des Indossaments dient. Aber es ist auch nicht die Regel. — Nach einer Entscheidung des OTr. (Strieth., Rechtsgrunds. 5 No. 316) wird auch nicht die Quittung, wenn sie unterschrieben ist, durch ein Durchstreichen der Quittungsworte zum Blanko-Indossament. Der Quittierungspflicht wird nicht genügt durch Blankogirierung seitens des Befriedigten. (Landger. Frankfurt a. M. in Zeitschr. f. HR. 38 S. 564.)

[3]) Das ergiebt sich aus dem Begriff des Wertpapiers (Brunner b. Endem. II S. 147). Die Quittung ist etwas Nebensächliches; die Hauptsache ist die Rückgabe oder Amortisation des Papiers. — Trotzdem ist die Quittung allgemein üblich und wird vielfach gesetzlich vorgeschrieben. So im HGB. für die gesetzlichen Ordrepapiere (a. 303) und allgemein für Ladeschein, Konossement und Bodmereibrief (a. 418, 652, 689 al. 2, nicht für die Seeversicherungspolize). Anders im ALR. II 8 §§ 1655, 1716. Über das Konossement s. Goldschmidt, Handb. 1. Aufl. S. 693 A. 23, über den Ladeschein S. 765 A. 94, 4. Ferner als Beispiele: Bremisches Ges. über Lagerscheine und Warrants v. 13. V. 1877 § 6 (bei Goldschm., Beil. z. Zeitschr. f. HR. 23 S. 53), Lagerhaus-Betriebsordnung § 6 (ib. S. 58), für Depot- und Depositalscheine: Beding. d. Reichsbank No. 9 u. 11 u. III ib. S. 270, 274, 279), für Pfandscheine: ib. § 10 u. § 6 (Quittung auf einer Kopie, ib. S. 254 f.). Für Kreditbriefe wird sogar doppelte Quittung gefordert, jedenfalls eine auf dem Original (Cohn b. Endemann III S. 1130). Auch der Checkzahler wird sich regelmässig auf dem Papier quittieren lassen (Cohn a. a. O. S. 1158; schweiz. Obl.-BG. a. 836 cf. 827 Nr. 6 u. 758, nach französischem Recht muss er es sogar bei Strafe thun Cohn S. 1158 A. 135; Zeitschr. f. HR. 21 S. 149. Über Giroquittung s. Busch, Arch. 43 S. 165 ff. — Nicht hierher gehören Postanweisung (vgl. Schott b. Endem. III S. 751) und Frachtbrief (vgl. Goldschm., Handb. I S. 752 A. 48.) — Nicht üblich ist dagegen die Quittung bei Inhaberpapieren; hier ist sie ja völlig wertlos. Vgl. für den Inhabercheck Cohn S. 1158 A. 135, für d. Inhaberpapier überhaupt schweiz. Obl.-Ges. art. 848. E. I § 688; E. II § 726 (doch soll Quittung gefordert werden dürfen; Motive II zu § 688).

[4]) § 141 ALR. I 16; die älteren Quittungen sind massgebend. Diese Bestimmungen stammen aus der gemeinrechtlichen Praxis (Koch, Komm. ad § cit. A. 95).

regelmässig wiederkehrenden Leistungen [1]), sowie zur Entscheidung darüber, welche von mehreren Forderungen getilgt sein solle: sie ist Imputationserklärung. [2]) [3])

---

§ 5.
Die Quittung als Legitimationspapier.

I. Wenn unser modernes Obligationenrecht sich von dem römischen hauptsächlich durch das Prinzip der Formlosigkeit der Verträge unterscheidet, so tritt unser moderner Obligationenverkehr zu dem altrömischen vor allem in Gegensatz durch die durchgängige Schriftlichkeit der Rechtsgeschäfte. Wir leben unter der Herrschaft der Schrift. Die Urkunde ist die nicht rechtlich, aber thatsächlich notwendige Begleiterin jeder wichtigeren Rechtshandlung geworden. Die Folgen davon machen sich auch für die rechtliche Beurteilung bemerkbar.

Zahlung und Quittierung sind heute korrespondierende Akte. Für den Laien [4]) erscheint die Quittung als Gegenleistung des Gläubigers für die Zahlung. Fordert also der Schuldner das Geleistete zurück, so darf auch der Gläubiger die Rückgabe seiner

---

1) § 142. Die jüngeren Quittungen entscheiden; dreijährige Zahlung gleicher Raten begründet nach §§ 144 ff. die Präsumtion der vergleichsweisen Normierung der Höhe der Schuld. — Die preuss. Judikatur erfordert hier Quittungen (Präj. d. OTr. v. 13 II 1844, dagegen Koch, Komm. A. 96 ad § cit.) und bezieht die Vergleichsvermutung nur auf die schon geleisteten Zahlungen (Rehbein, Entsch. d. OTr. III S. 27 ff.). Die Präsumtion ist nur zu Gunsten des Verpflichteten gegeben (Präj. 1123). Über das gemeine Recht: Rehbein a. a. O.

2) ALR. I 16 § 152; Rehbein III S. 13 Anm.; Bornemann III S. 322; Förster-Eccius I § 91 S. 573; code civil a. 1255; schweiz. Obl.-BG. a. 101; sächs. GB. § 978; Motive II zu E. I S. 87; vgl. Gruchot, Zahlung S. 227 f.; Berner, Verrechnung von Zahlungen. 1892. S. 35, 38, 39.

3) Nicht hierher gehört, weil nicht zur Quittung selbst gehörend, sondern neben ihr hergehend, die schriftliche Protestation in der Quittung § 160 ff. vgl. 134, 143, 147 u. ö.; ALR. I 16. Eine solche Quittung kann der Schuldner zurückweisen; Strieth., Arch. 9 S. 56; vgl. Rehbein a. a. O. III S. 8 Anm.

4) Nur für diesen. Für die Richtigkeit der juristischen Theorie ist es gleichgiltig, ob der Laie sie begreift. Wenn die Jurisprudenz sich nach der Denkfähigkeit des Laien richten sollte, würde sie aufhören, eine Wissenschaft zu sein. Dies gegen Dilloo S. 26, 27, 40, 43 f. u. ö.

Quittung beanspruchen.[1]) Weil der sorgsame Schuldner sich stets für seine Zahlungen auch den Beweis sichern wird, ist es mehrfach anerkannt, dass der Verwalter eines fremden Vermögens bei der Rehnungslegung dem Vermögensherrn auch die Quittungen für seine Auslagen ausliefern muss.[2])

II. Aus der engen Wechselbeziehung zwischen Zahlung und Quittung im heutigen Recht haben sich drei Rechtssätze entwickelt: dass der Zahlende regelmässig Quittungserteilung beanspruchen kann, dass der zum Empfang der Zahlung Befugte präsumtiv ermächtigt ist, Quittung zu leisten, und dass der Überbringer einer Quittung legitimiert ist zum Empfange der Zahlung.

Dieser letzte Satz [3]), der auf dem Verkehrsgebrauche beruht, dem Empfangsbevollmächtigten die Quittung gleich mitzugeben [4]), ist von der Rechtsvermutung der Legitimation des Quittungsüberbringers dahin gesteigert worden, dass der Schuldner an diesen mit liberierender Wirkung zahlen darf. Das wurde zuerst vom preussischen Landrechte ausgesprochen, aber hier noch mit der Einschränkung, dass die Quittung dem Überbringer anvertraut sein müsse (§ 130 ALR. I 13) [5]); dagegen sollte im Handelsverkehr schon die blosse Übergabe der quittierten Rechnung genügen (§ 550 ALR. II 8). Ausdrücklich wird dem Inhaber des im voraus ausgestellten Schuldscheines die Empfangsberechtigung abgesprochen (§ 129 ALR. I 13).[6]) Das Handelsgesetzbuch hat den Rechtssatz übernommen: „Der Überbringer einer Quittung gilt für ermächtigt, die Zahlung zu empfangen, sofern nicht die dem Zahlenden be-

---

1) Ausdrücklich anerkannt im sächs. GB. § 1531.

2) §§ 139, 160 ALR. I 14. Für einen Einzelfall ist diese Regel auch im römischen Recht ausgesprochen: Der Emphyteuta sollte dem Eigentümer regelmässig die Steuerquittungen vorlegen; dreijährige Versäumnis dieser Pflicht berechtigte den Eigentümer zur Privation, l. 2 C. de emphyt. 4, 66; cf. Glüch 8 S. 412. Für das heutige Recht: Bähr in Jahrb. f. Dogm. 13 S. 261 ff. u. Urteile S. 293 ff.; vgl. auch Striethorst, Arch. 100 S. 141.

3) Vgl. z. B. oben die Urkunden S. 22 A. 4, 35 A. 5 u. Neumann, Beil. z. Zeitschr. f. HR. 7 S. 140 ff.

4) Deshalb lässt sich die Post bei Einziehung von Geldbeträgen eine Quittung des Gläubigers mitgeben, die sie dem Schuldner bei der Zahlung aushändigt. Postordnung §§ 22 I, IX, § 23.

5) Über das gemeine Recht Koch, Forder. II § 154 A. 64; Sintenis II § 103 A. 46.

6) Über d. Motive Rönne, Ergänz. II S. 110; vgl. Entsch. d. OTr. 48 S. 109, dagegen Wendt in Endem. Handb. I S. 294 f.; vgl. die Ausnahme in §§ 152 f. ALR. I 17.

kannten Umstände [1]) der Annahme einer solchen Ermächtigung entgegenstehen" [2]) (a. 296 HGB.). Die Quittung muss echt sein, von dem wirklichen Gläubiger herrühren [3]), und sie muss wirkliche Quittung sein, nicht Blankoquittung [4]); die Legalvollmacht des Überbringers erstreckt sich nur auf den Empfang der Schuldsumme [5]), nicht auf Dispositionen über die Forderung. [6])

Die allgemeine Geltung des Rechtssatzes wird schon heute von manchen angenommen [7]); jedenfalls wird sie durch den Entwurf herbeigeführt werden. [8])

III. Die Folge des handelsrechtlichen Prinzips ist weitgehende Benutzung der Quittung als Geldverkehrsmittel. [9]) Wer die Quittung hat, an den wird unbedenklich gezahlt. So ist die Quittung gegen ihre eigentliche Natur zu einem Legitimationspapier geworden und infolge ihrer grossen Bequemlichkeit zu einem der beliebtesten.

Gegen ihre eigentliche Natur; denn sie ist vor allem Beweismittel. Und zwar ist sie das in den Händen des Verpflichteten. In den Händen des Berechtigten bedeutet sie eigentlich noch nichts; sie hat keinen Beweiswert. Aber gerade die noch nicht abgegebene Erklärung ist es, um die es sich hier handelt. Legitimationspapier ist nicht sowohl die Quittung, wie der Quittungsentwurf. [10])

---

1) Denen die Umstände gleichstehen, die ihm bekannt sein mussten. A. M. Staub ad art. cit.; Dilloo S. 107 A. 140.

2) Zur Ergänzung dient art. 51. Zum Empfang berechtigt ist deshalb auch der Inhaber eines quittierten Wechsels, soweit Handelsrecht gilt. (Behrend, HR. I § 73 A. 30.) — Über Umstände, die der Annahme der Bevollmächtigung entgegenstehen können s. Anschütz-Völd., Komm. ad art. 296, Protok. S. 1324; Puschelt ib. A. 296 und a. 51 standen ursprünglich nebeneinander (Preuss. Entw. a. 55, Entw. der Redaktionskommission a. 48. Über die Motive der jetzigen Anordnung: Protok. S. 937 f., 1322. Im übrigen Behrend, HR. I Zus. zu § 55; Wendt a. a. O.

3) Der Zahlende muss die Echtheit prüfen; Busch, Arch. 40 S. 275 ff.; Anschütz-Völd. I S. 381, 933.

4) Entsch. d. ROHG. 11 S. 32 = Seuff. 29, 25.

5) Der Schuldner ist nicht berechtigt, etwas anderes zu zahlen (Goldschm., Zeitschr. f. HR. 7 S. 609).

6) Busch, Arch. 5 S. 259 (OTr.) und Nachschrift ib. S. 260.

7) Dernburg, Pand. II § 55 A. 16; Puchelt, Komm. ad art. 296; Bähr in Jahrb. f. Dogm. 14 S. 414 f.

8) E. II § 319 cf. Anm. des amtlichen Ausgabe.

9) Vgl. besonders Ladenburg in Zeitschr. f. HR. 11 S. 82 ff.

10) Vgl. Dilloo S. 110 über die Wechselquittung.

Andererseits beweist gerade diese Anwendung der Quittung, dass sie vor allem und auch der Verkehrsanschauung nach Beweismittel ist und nicht Vertrag. Denn wie käme jeder beliebige Quittungsinhaber dazu, eine bindende Anerkennung für den Gläubiger abzugeben. Unmöglich ist es doch, in all diesen Fällen ein Vertretungsverhältnis zwischen Gläubiger und Quittungsinhaber zu konstruieren.

Ein charakteristisches Beispiel ist die Blankoquittung [1]) Sie beweist zunächst garnichts. Aber sie kann volles Beweismittel der Zahlung werden und wird es durch Ausfüllung und Auslieferung. Solange sie noch Blankoquittung ist, bildet sie ein Legitimationspapier; sobald sie aufhört, dies zu sein, wird sie Beweismittel.

Ebenso verhält es sich in dem einen Falle, wo uns die Quittung als echtes Wertpapier entgegentritt, beim Quittungscheck. [2]) Solange er nicht eingelöst ist, bedeutet er nur eine Anweisung und kein Beweismittel. Er ist also genau genommen keine Quittung, sondern erborgt nur die Form derselben (forme mentense). [3])

IV. Dagegen kann unter Umständen auch die echte beweisende Quittung in Betracht kommen für den Erwerb von Forderungsrechten. Nämlich dann, wenn die Tilgung einer Schuld Voraussetzung ist für den Erwerb eines Forderungsrechtes. Weil die Quittung regelmässig die Zahlung beweist, so legitimiert sie zur Geltendmachung des an diese geknüpften Rechtes.

Hierher gehört vor allem die löschungsfähige Quittung des preussischen Grundbuchrechts. Nach § 63 des Eigentumserwerbsgesetzes vom 5. Mai 1872 muss der Gläubiger dem zahlenden Eigentümer des mit einer Hypothek oder Grundschuld belasteten Grundstücks Quittung oder Löschungsbewilligung erteilen, und beide Urkunden berechtigen in gleicher Weise den Empfänger

---

1) Über diese s. Rehbein, Entsch. d. OTr. III S. 24 Anm.; Entsch. d. OTr. 50, 29 u. 68, 128; Entsch. d. ROHG. 11 S. 31.

2) Über diesen bes. Cohn in Zeitschr. f. vgl. Rechtswiss. I S. 125 ff., 148 ff., 156, 431 ff.; Koch u. Behrend, Gutachten in Verhandl. d. 17. dtsch. Juristentages I S. 11 ff., 28 f., 32 ff.; Cohn bei Endemann III S. 1151.

3) Behrend a. a. O. Den Unterschied hebt nicht genügend hervor Dilloo S. 108 f. — Dasselbe wie von den besprochenen Papieren gilt von den Zinsquittungsscheinen und Quittungsbogen der Aktiengesellschaften.

zum Erwerbe des dinglichen Rechts (§ 64 ib.). Die löschungsfähige Quittung ist Legitimationspapier. [1])

Dasselbe gilt von der Quittung des Wechselgläubigers, insoweit sie nach art. 51 WO. zur Substantiierung der Regressansprüche dient. Daraus erklärt sich auch die oben [2]) besprochene Theorie, dass die Wechselquittung ein Indossament bedeute; der Zahlende erwirbt alle aus dem Wechsel gegen Acceptanten, Aussteller oder Indossanten zustehenden Ansprüche.

V. Scharf muss jedoch von dieser Erscheinungsform der Quittung die Pseudoquittung unterschieden werden, die der Form nach Quittung, in Wahrheit Schuldschein ist. Zwischen beiden Empfangsbekenntnissen ist ja äusserlich kein Unterschied. Aber mit Entschiedenheit ist gegen eine Erweiterung des Quittungsbegriffes zu protestieren, die die Grenzen völlig zu verwischen droht. Nur das Bekenntnis der schuldaufhebenden Thatsache, nicht auch das der schuldbegründenden ist als Quittung anzusehen. Darüber dürfen die Namen nicht täuschen. Quittungen sind also nicht die Quittungsmarken und Quittungskarten der Alters- und Invaliditätsversicherung, noch die Quittungsbücher der Sparkassen. [3]) Das sind freilich alles Empfangsbekenntnisse; aber hier soll nicht eine Schuld getilgt, vielmehr eine Verpflichtung des Empfängers eingegangen werden. [4]) Das gilt natürlich noch weit mehr von Briefmarken und Eisenbahnfahrkarten, Konzert- und Theaterbillets u. dgl. Will man diese als Quittungen ansehen, so kann man schliesslich alle Wertpapiere unter diesen Begriff unterbringen. Dass sie relative Zahlungsmittel sind, kommt hier nicht in Frage. Das Einwerfen der frankierten Briefe in den Briefkasten ist also kein Quittierungsakt, sondern begründet

---

[1]) Der Entwurf hebt diese Bedeutung der Quittung nicht hervor; vgl. noch Dernburg, Preuss. Pr.-R. I § 337 S. 862 f. und preuss. Hypoth.-R. II § 39 S. 295.

[2]) S. 91.

[3]) Hierfür s. z. B. Entsch. d. Rg. 16 S. 210.

[4]) Welche Obligation sollte z. B. durch das Einkleben der Versicherungsmarke getilgt werden. Die des Arbeiters, sich zu versichern? Sie ist gar keine Obligation. Und das Beweismittel bliebe doch immer ein vom Schuldner einseitig ausgestelltes. Vielmehr gilt für die Quittungsmarke dasselbe wie für die Briefmarke; sie ist zunächst relatives Zahlungsmittel, ordnungsmässig eingeklebt ein Empfangsbekenntnis des durch den Empfang Verpflichteten. Anders Dilloo S. 102 ff.

die Verpflichtung der Post zur Beförderung; der Absender selbst aber besitzt nun für seine Zahlung des Portos keinerlei Beweismittel. Die Abstempelung aber des Briefes durch den Postbeamten ist eine einseitige Kassierung des Zahlungsmittels.

Anhaltische Buchdruckerei Gutenberg, e. G. m. b. H., Dessau.

Anhaltische Buchdruckerei Gutenberg, e. G. m. b. H., Dessau.

www.ingramcontent.com/pod-product-compliance
Lightning Source LLC
LaVergne TN
LVHW091729021026
849161LV00003BB/506